Une Institutrice

au XIXme siècle

M. REITER

Une Institutrice

au XIXme siècle

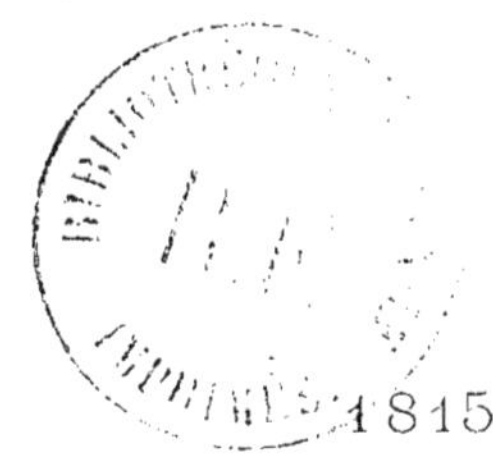

1815-1896

SEDAN
IMPRIMERIE ÉMILE LAROCHE
22, RUE GAMBETTA, 22

1898

AVANT-PROPOS

Il y a dix-huit mois s'éteignait à Nancy une existence tout entière dévouée au bien. Profondément chrétienne, imbue de la grandeur de sa mission d'institutrice, désintéressée, modeste autant qu'instruite, Mademoiselle Wanham n'eut d'autre ambition que de diriger vers le Beau l'intelligence et vers Dieu le cœur des enfants confiées à ses soins.

Il nous appartient, à nous, ses élèves, de ne pas laisser tomber son nom dans l'oubli.

Permettez à l'une d'elles, amie vénérée, de se faire l'interprète de toutes, et de consacrer à votre mémoire quelques pages auxquelles les sentiments d'une vive reconnaissance n'ôteront ni la simplicité, ni le cachet de sincérité que vous vouliez trouver en tout écrit.

Aussi bien, votre vie, par elle-même, est un enseignement, et l'imagination n'a rien à y ajouter pour que nous la proposions comme un modèle parfait de la vertu qui sied à toutes les femmes, et de ce tact particulier que doivent posséder celles qui sont destinées à la tâche délicate d'éducatrices de la jeunesse.

UNE INSTITUTRICE

AU XIXme SIÈCLE

1815-1896

I

Enfance et jeunesse de Mademoiselle Wanham. Sa famille. — Sa vocation.

Mademoiselle Anne-Sidonie Wanham naquit à Toul en 1815. Des origines de sa famille nous ne connaissons que très peu de chose.

Son père, industriel honnête, mais sans fortune, ne réussit pas dans ses affaires et dut donner à ses enfants l'éducation des filles de la petite bourgeoisie lorraine. Ainsi qu'il l'avait fait pour ses deux filles aînées, il confia la jeune Sidonie à une bonne religieuse de la Doctrine Chrétienne, la sœur Marie-Jeanne, qui tenait la classe primaire à l'école communale de Toul et dont le nom nous fut souvent cité dans les entretiens familiers où, aux heures des récréations, notre institutrice nous racontait « les histoires de sa jeunesse » avidement réclamées, et écoutées avec tant d'intérêt par un auditoire de curieuses fillettes.

C'est dans le souvenir de ces récits, que l'extrême modestie de la narratrice rendit certainement incomplets, que nous puisons le peu de lignes consacrées à la vie proprement dite de l'héroïne de cet opuscule. Les documents précis nous manquent; de là, bien des lacunes que nous comblerions aisément si nous ne tenions, avant tout, à rester historien scrupuleux et fidèle.

L'enfant était intelligente et avait le goût de l'étude. Ni la férule de Sœur Marie-Jeanne, ni les petites images données comme « bons points » par la bonne sœur aux élèves les plus sages, ne furent nécessaires pour stimuler le zèle de la petite Sidonie qui, bientôt, prit le premier rang parmi ses compagnes. Lorsqu'arriva le moment de la première Communion, elle fut, à n'en pas douter, l'une des plus pieuses, des mieux préparées à ce grand acte de la vie chrétienne.

Le catéchisme, l'histoire sainte, les enseignements religieux avaient alors leur place dans le programme des études et, chez les petites Wanham, les leçons de l'école se fortifiaient, pour se graver plus profondément dans leur cœur, des exemples du foyer.

Nous verrons, dans la suite, quelle importance l'institutrice attachait à l'étude de la religion et à l'influence de l'exemple.

Nous avons dit combien était modique la situation pécuniaire de la famille Wanham. Une quatrième fille était née et l'industrie du père n'avait pas prospéré. Il fallait vivre ! Ce ne pouvait être avec le seul produit des quelques vignes qui constituaient le patrimoine de Madame Wanham. La mère luttait courageusement contre des épreuves de tout genre ; mais, en dépit de son abnégation, de son bon vouloir, elle n'arrivait pas à suffire à tout. Dès l'âge de douze ou treize ans, peu après la première Communion, les enfants durent abandonner la classe pour apporter au modeste budget le contingent de leur travail.

A cette époque, le commerce des broderies sur mousseline était florissant en Lorraine. La mode du jour en favorisait l'extension. Qui n'a retrouvé dans les cartons d'une aïeule, ou dans les reliques pieusement conservées d'une layette, ces grands cols ou ces mignons bonnets d'enfant, ces robes de baptême ou ces volants de bal entourés de guirlandes brodées, semés de minuscules fleurettes, si finement ombrées, si délicatement ajourées qu'on les eût dites dessinées par un crayon de fée !

Le consommateur, ou plutôt le marchand au détail, n'était pas, alors, en communication directe avec la brodeuse. Il y avait dans le commerce de broderie de la Meurthe et des Vosges une sorte de hiérarchie.

Le fabricant de broderie qui choisissait les tissus et les dessins avait pour intermédiaires des entrepreneurs et sous-entrepreneurs chargés de traiter avec les ouvrières de la ville et des villages environnants, de distribuer le travail suivant les aptitudes de chacune: aux unes les festons, aux autres les plumetis ; à celles-ci les points compliqués, à celles-là le modeste ornement. Souvent le même objet passait entre cinq ou six mains avant d'être rendu, soigneusement examiné par l'entrepreneur (généralement une femme), au fabricant qui, lui-même, le livrait au commerce. Si, naguère, quelques fabricants s'enrichirent à ce négoce, le bénéfice était moindre pour l'entrepreneur, il se réduisait à bien peu de chose pour l'ouvrière qui devait fournir son temps, son coton, et qui, trop souvent, s'usait la vue sur une tâche quotidienne si appliquante. Et pourtant, que de familles lorraines vivaient du faible gain de la mère ou de la fille! C'est à une entreprise de ce genre que Madame Wanham, aidée d'une sœur qui habitait avec elle la maison paternelle, demanda les ressources nécessaires à elle et à tous les siens.

Madame Wanham et Mademoiselle Dobret, sa sœur, étaient elles-mêmes d'habiles brodeuses, et cette branche de l'industrie natale était ce qu'elles pouvaient choisir de mieux pour gagner quelqu'argent sans sortir du rang où les avait placées la Providence. Elles associèrent les enfants à leur labeur, soit pour suppléer la mère dans les soins du ménage, soit comme aides dans le commerce, le plus souvent comme ouvrières. Après un court apprentissage, à leurs mains délicates furent confiées les broderies les plus fines. Louisa et Anne-Sidonie, surtout, faisaient éclore sur le léger tissu de véritables petits chefs-d'œuvre. Fières des éloges qu'ils leur valaient, les jeunes filles étaient plus heureuses encore d'ajouter, par un salaire rémunérateur, au bien-être de la famille.

Mais ce n'était pas sans un vif regret que notre chère petite héroïne avait dû renoncer à continuer des études si pleines d'attraits pour sa précoce intelligence et déjà couronnées des succès scolaires que pouvait ambitionner une enfant de cet âge. Dans sa jeune tête, elle caressait un rêve qui, bientôt, allait devenir une réalité, celui de se procurer, par des heures supplémentaires de travail à l'aiguille, le moyen de recevoir les leçons d'un professeur sans être une charge à ses parents.

Puis un autre désir lui venait au cœur : utiliser le savoir acquis, en le communiquant à son tour. Ce fut, dès lors, une véritable vocation se développant et prenant corps de jour en jour.

En 1882, presqu'à la fin de sa carrière, Mademoiselle Wanham nous révélait elle-même cette impérieuse vocation d'éducatrice par ces lignes tracées dans une sorte de testament moral :

« Je remercie l'adorable Providence de m'avoir fait « donner une éducation chrétienne et apprécier ce « suprême bienfait jusqu'au désir vif, dès ma jeunesse,

« d'essayer d'en faire part à d'autres... Je la remercie de « tout ce qu'elle a fait, cette excellente Providence, pour « servir mes tendances et mes goûts... »

Mais si la Providence se montra ainsi favorable au noble dessein de la jeune fille, c'est que celle-ci, mettant en action le vieux proverbe : « Aide-toi, le Ciel t'aidera, » ne négligea rien pour atteindre le but qu'elle se proposait. Une partie du temps que d'autres accordaient au repos ou à la récréation, elle l'employait au travail, et, comme nous venons de le dire, en augmentant d'elle-même sa tâche quotidienne, elle put se faire diriger dans ses études préférées par un des bons professeurs du collège de Toul.

Une vie si sérieuse, des journées si remplies ne rebutaient pas son courage, stimulé par l'approche des examens.

Le programme des examens pour le brevet de capacité n'était pas, il y a soixante ans, ce qu'il est aujourd'hui ; cependant, si l'on n'exigeait pas alors des connaissances aussi variées et forcément un peu superficielles, les matières sur lesquelles roulaient les compositions écrites et les interrogations verbales devaient être, pour l'obtention du brevet supérieur surtout, étudiées à fond et sues de telle sorte que l'aspirante pût répondre sans une hésitation aux questions posées par le jury d'examen. Il n'y avait guère que les jeunes filles destinées à la carrière de l'enseignement qui affrontassent cette épreuve et qui demandassent à un ressort d'Académie cette sanction de leurs études. Aussi ne se présentait-on pas à la légère et sans avoir sérieusement travaillé.

Nous ne voulons pas dire qu'il n'en est plus ainsi. Loin de nous la pensée de déprécier notre époque au profit du passé ; toutefois il importe de détruire le préjugé qui taxe d'une ignorance relative les femmes du milieu de ce siècle.

On sait quelle importance Napoléon Ier, en posant les bases des maisons d'éducation de la Légion d'honneur, attachait à la solide instruction des femmes qui devaient être nos mères.

Nous avons un jour causé un étonnement non dissimulé à un homme que ces questions intéressaient, mais dont l'esprit prévenu n'admettait dans leurs résultats que les méthodes actuelles, en lui montrant le résumé d'un cours de perspective fait vers 1830, à Paris, par une jeune fille du monde et qui témoignait autant du travail intelligent de l'élève que de la science du professeur.

Nous disons bien : science, car, dans ce cours, la géométrie était mise au service de l'art.

Et la langue française, la littérature, l'histoire n'étaient ni moins bien enseignées, ni étudiées avec moins de fruit, nous en pourrions donner bien des preuves (1).

(1) Depuis que ces lignes sont écrites, nous lisons à la date du 27 août 1897, sous la signature de Ch. de Villedeuil, dans un journal

A cette pensée des examens, Mademoiselle Sidonie Wanham redoubla de zèle et demanda souvent aux heures de la nuit le temps et le calme nécessaires à une consciencieuse préparation.

Le succès récompensa ses courageux efforts et elle obtint aisément le diplôme du brevet élémentaire.

Peu après, si ce ne fut à la même session, Mademoiselle Wanham, poursuivant l'idée qu'elle mûrissait depuis plusieurs années, soutint brillamment l'examen du brevet supérieur permettant seul, alors comme aujourd'hui, d'être à la tête d'un établissement scolaire : pensionnat ou externat de premier ordre.

Je ne sais si ce fut avant ou après ce nouveau succès que la vaillante jeune fille, désireuse d'acquérir l'expérience du genre de vie auquel elle aspirait, entra comme sous-maîtresse dans la pension de Mademoiselle C***, à Toul.

Sans quitter ses parents pour lesquels elle avait une

qui n'est certes ni pessimiste, ni réactionnaire, à propos des lycées de filles :

« On ne sait pas encore quel sera l'effet moral de cette institution « officielle dont les fonctions étaient remplies autrefois — en dehors « des congrégations religieuses qui prospèrent de plus en plus — par « des établissements laïques où des dames, dont c'était la spécialité « plus professionnelle que lucrative, ont maintenu à un niveau très « élevé l'éducation des jeunes filles et ont donné à la France plusieurs « générations de femmes qui ont fait l'admiration du monde par leurs « talents, leurs vertus et la hauteur de leurs idées. L'avenir dira si « les lycées se montrent dignes de l'héritage des maîtresses qu'ils ont « expropriées. »

(*La Liberté*, numéro du 27 août).

tendresse respectueuse et profonde, elle débuta ainsi dans la carrière d'institutrice où elle conquit bien vite l'affection de ses petites élèves, la confiance et l'estime de tous.

En dehors du cours dont la chargeait Mademoiselle C***, elle put donner quelques leçons particulières et préparer l'une de ses sœurs, Mademoiselle Léocadie, à laquelle elle avait inculqué ses goûts pour l'étude et pour l'enseignement, à des examens qui furent pour toutes deux un triomphe.

Cependant Mademoiselle Wanham ne pouvait rester longtemps dans une situation secondaire, très peu rémunératrice, d'ailleurs. Recommandée par un ecclésiastique qui appréciait les qualités et le savoir de la jeune sous-maîtresse, elle fut demandée à Nancy, dans un pensionnat en vogue, pour remplacer, au moins momentanément, l'une des directrices dont la santé ébranlée exigeait le repos. Elle ne rejeta pas la proposition qui lui était faite. Peut-être, en prenant cette décision, envisageait-elle de sérieuses perspectives d'avenir pour elle et pour ses sœurs.

Mais quel sacrifice ! Quel déchirement que ce départ qui, cependant, n'avait encore rien de définitif !...

Le provisoire dura peu. La malade, plus gravement atteinte qu'on ne l'avait cru d'abord, mourut, laissant ses sœurs, ses collaboratrices, brisées par le chagrin. Déjà celles-ci, fatiguées d'une longue vie d'incessant labeur, aspiraient à la retraite. Elles sentirent qu'elles ne pouvaient abandonner leur succession, ni remettre les élèves qu'elles avaient commencées à des mains plus dignes qu'à celles d'une auxiliaire dont le concours venait de leur être si utile.

Après de mûres réflexions et guidée par des conseils aussi éclairés que désintéressés, Mademoiselle Sidonie Wanham obtint de ses parents l'autorisation de reprendre en son nom cet important établissement, avec l'association de sa sœur Léocadie et de Mademoiselle Adèle Georges, élevée dans la maison où elle professait déjà, et par conséquent, au courant des usages, de la méthode; connaissant assez les élèves et le genre des familles qui fréquentaient le pensionnat pour ménager la transition.

Cette fois, c'était le sacrifice complet, la séparation définitive! Ceux qui ont vu de près la famille Wanham peuvent se figurer ce qu'il y eut de pénible dans cette grande détermination. Les difficultés matérielles de toutes sortes à surmonter ne furent rien auprès du chagrin que causa cette dispersion du foyer.

Nul doute que, si Mademoiselle C*** eût été alors en âge et en position de céder son pensionnat, les deux sœurs n'eussent jamais songé à quitter Toul qu'elles aimaient, où elles étaient connues et où les anciennes relations de leur famille leur avaient créé de solides amitiés. Quant à fonder à côté de Mademoiselle C*** une maison rivale, la seule pensée leur en eût semblé une ingratitude et une indélicatesse.

II

Arrivée à Nancy. — Prise de possession du pensionnat. — Les Maîtresses.

Mesdemoiselles Sidonie et Léocadie Wanham partirent donc avec les larmes du plus douloureux regret, mais avec la conscience d'accomplir un devoir. L'épreuve était dure. Les jeunes filles — car elles étaient jeunes encore, bien que l'austérité de leur attitude leur donnât, vis-à-vis des enfants qu'elles allaient avoir sous leur direction, le rôle et l'aspect de mentors déjà mûrs — les jeunes filles, disons-nous, l'acceptèrent avec l'énergique résignation dont elles avaient eu maintes fois à faire preuve presque dès l'enfance ; elles l'acceptèrent ainsi qu'on se soumet à une opération de laquelle on attend le salut.

Habituées à voir le doigt de Dieu dans chacun des événements de la vie, elles se dirent que leur place était là ; que cette position qui s'était offerte si inopinément à elles était la réponse du Ciel à leurs ferventes prières et que, de la manière dont elles rempliraient leur mission, dépendrait certainement leur avenir, à elles, et la sécurité pour les vieux jours de leurs parents. Un ange consolateur restait près de ceux-ci : la dernière des quatre sœurs, la douce Caroline-Marie.

Louisa, l'une des deux aînées, devait bientôt être appelée à apporter à ses sœurs le précieux concours de ses aptitudes spéciales. Nous savons déjà quel était son talent de brodeuse ; son adresse n'était pas moindre dans tous les genres de travaux féminins. Elle combinait, imitait, exécutait avec une habileté et une perfection étonnantes. C'est elle qui, près des élèves, sera chargée du cours de travail à l'aiguille. De plus, elle aura la mission des approvisionnements, des courses et des relations au dehors ; elle surveillera les récréations et assistera aux leçons d'agrément pendant lesquelles, si incontestée que soit l'honorabilité des professeurs, les enfants ne seront jamais laissées seules avec une personne étrangère à l'établissement.

Louisa n'était pas belle ; mais son extrême obligeance, son esprit assez cultivé et d'un tour original la rendaient agréable à tous. Plus que ses sœurs, elle sacrifiait à la mode du jour, ce qui ne l'empêchait pas de posséder une fervente piété et un bon vouloir à toute épreuve, parfois même un peu trop prime-sautier. Mais que de services n'a-t-elle pas rendus jusqu'aux jours de la vieillesse !

Mademoiselle Adèle Georges, dont nous avons déjà prononcé le nom, restera la maîtresse aimée des petites, ainsi qu'elle l'était sous l'ancienne direction. Orpheline distinguée, instruite, possédant des langues étrangères (allemand et italien) et des arts d'agrément (musique et dessin), plus que l'on n'en demandait alors comme complément de l'éducation, elle en savait assez pour enseigner elle-même. Aux deux cours de la classe élémentaire s'ajouteront donc, pour elle, les leçons de solfège, le cours de dessin, les leçons facultatives d'allemand et d'italien et les leçons de piano aux élèves pour lesquelles les parents n'auraient pas désigné un professeur de la ville. On juge quel inappréciable auxiliaire Mademoiselle Georges fut pour Mesdemoiselles Wanham qui avaient su se l'attacher.

D'un physique agréable, d'une inaltérable douceur, d'une bonté parfaite avec les enfants, c'était bien la « maîtresse aimée » que nous avons nommée tout à l'heure. Sa tâche si lourde ne la rebutait pas ; malgré les épreuves et les deuils qui attristaient sa jeunesse, jamais un mot amer ; jamais, même lorsqu'il fallait punir, une parole plus élevée ne troublait sa calme sérénité. Dieu la soutenait. Ce fut Lui qui, un jour, douloureuse surprise pour les associées de Mademoiselle Georges, fixa à jamais l'avenir de la jeune fille en l'appelant par une irrésistible vocation à évangéliser à Jérusalem les jeunes orphelines israélites converties dans le Couvent de Notre-Dame de Sion, fondé par le Révérend Père de Ratisbonne (1). Là, devenue Sœur Marie-Bernard, elle mourut il y a douze ans, en 1885, édifiante dans la mort comme elle l'avait

(1) Mademoiselle Georges a fait son noviciat à la Sion de Paris, rue Notre-Dame-des-Champs.

été dans la vie. Son corps repose non loin du Sépulcre du Divin Maître qu'elle a fidèlement servi et qui l'a certainement trouvée digne de recevoir la glorieuse et virginale couronne de ses épouses les plus chères ! (1).

Les cours de français pour les *moyennes,* ceux d'arithmétique pour tout le pensionnat, seront le lot de Mademoiselle Léocadie Wanham. Elle partagera, de plus, avec Mademoiselle Georges, le professorat du dessin, art dans lequel elle s'était exercée non sans succès. C'est elle qui sera l'Économe, qui réglera les dépenses, le menu des repas et veillera au bon entretien de la maison et au bien-être de tous. Sur tout ce petit monde qui va peupler la pension, s'étendra sa constante et active sollicitude. Son visage, aux traits un peu forts, mais éclairés d'un bon regard, respire la franchise et la bienveillance ; cependant elle saura le rendre sévère au besoin. Il faut, avec elle, obéir sans murmurer, et pourtant, il lui est dur de sévir. L'abnégation, l'oubli complet de soi, se sent jusque dans la coupe de ses vêtements, dans la forme des bonnets qui emprisonnent ses blonds cheveux dont les deux boucles, encadrant la figure, révèlent seules l'opulence. Ce « moi haïssable, » selon le mot de Pascal, elle en fait entière abstraction pour se dévouer aux autres de toute la force de son cœur aimant.

(1) Voir les Annales de Notre-Dame de Sion (2me semestre de 1885).

Mademoiselle Sidonie Wanham se réservera les cours supérieurs où nous allons la voir à l'œuvre. Elle donnera l'impulsion aux études et aura la direction morale et religieuse de l'établissement dont elle sera le chef incontesté, bien qu'elle n'ait pas encore atteint trente ans. A sa mise austère, on lui en croirait davantage ; mais de blonds bandeaux émergeant de son bonnet, et son teint frais, sa peau sans rides, dénotent bien ce qu'il y a de voulu dans cet aspect si raisonnable. Il est vrai qu'elle s'est heurtée très jeune aux difficultés de l'existence. Qu'y a-t-il alors d'étonnant à trouver sur ce visage l'empreinte d'un sérieux un peu mélancolique ? Il perce un grand sens moral et déjà une certaine expérience des hommes dans sa conversation de jeune institutrice ; la pédanterie en est bannie, sinon tout à fait cette sorte d'autorité que donne l'habitude du professorat.

Parfois un éclair de causticité naturelle en relève le ton, y donne un certain piquant, toujours sans amertume ; l'esprit chrétien y étouffe tout ferment mondain.

Profondément, tendrement attachée à ses parents et à ses sœurs, elle aimera les enfants qui lui seront confiés.

Et ces femmes qui, avec une variété de nuances, joignent encore le charme de la jeunesse aux plus enviables qualités de l'esprit et du cœur, à l'âge où d'autres fondent un foyer, ces femmes, pour accomplir un filial devoir, renoncent aux joies si douces de la maternité.

Au lieu de bercer et d'élever leurs enfants à elles, elles vont accepter la tâche ingrate de former les enfants d'autrui et ne recevront trop souvent, hélas, en retour de leur dévouement, que déceptions et déboires ! Elles sont rares, malheureusement, les jeunes filles qui les paieront en caresses sincères et qui, devenues femmes, ayant compris ce qu'elles doivent à leurs institutrices, leur voueront une reconnaissance affectueuse et durable.

J'ignore si, dans la vie de Mademoiselle Wanham, il y eut place pour un roman où le cœur fut en jeu ; mais ce que je puis affirmer, c'est que trois amours d'une infinie et puissante fécondité se partagèrent ce cœur si grand et si pur : L'amour de l'enfance, l'amour du bien, l'amour du beau, se résumant en un seul amour : l'amour de Dieu.

L'amour du beau : toute beauté émane de Dieu, toute beauté doit ramener à Dieu.

L'amour du bien : Dieu est le bien par essence ; en inspirer le sentiment, c'est coopérer à l'œuvre, c'est répondre au vœu de Celui qui s'est donné Lui-même pour remettre dans la voie du bien l'humanité déchue.

Dieu s'est fait tout petit. Il a été enveloppé de langes comme l'enfant ; comme l'enfant Il a été soumis à ses parents, à Joseph, son père nourricier, et à Marie, sa mère. Plus tard, dans sa vie publique Il a dit à ses disciples qui voulaient lui éviter les importunités de l'enfance : « Laissez venir à moi les petits enfants. » Il les a donnés, ces enfants comme le type de la pureté qui mène au Ciel. Il a anathématisé ceux qui ne craindraient pas de « scandaliser un seul de ces petits. »

En étudiant avec soin et avec quelques détails, ainsi que nous l'avons entrepris, l'existence de notre institutrice vénérée, sa méthode d'instruction, ses principes pour l'éducation morale de la jeunesse, nous retrouvons sans cesse ces trois amours tendant à un but unique : faire connaître et aimer Dieu par le développement des facultés du cœur et de l'intelligence et par la sage direction de ce besoin de l'âme qui lui fait chercher une intime satisfaction et les plus nobles jouissances en ce qui, dès ici-bas, reflète l'éternelle beauté.

III

Nancy. — La maison. — Les élèves.

Le pensionnat dont Mesdemoiselles Sidonie, Léocadie Wanham et Adèle Georges (1), vont prendre possession à la rentrée des classes d'octobre 1846 (2), est situé dans le paisible quartier qui avoisine la Cathédrale. La maison est vieille, peu aérée ; de grandes réparations sont urgentes pour rendre l'établissement conforme aux lois de l'hygiène et au vœu bien légitime des familles. Si, de ce côté il y a de sérieuses réformes à opérer, il n'en est pas ainsi sous le rapport intellectuel et moral.

Quitte à en élargir peu à peu les voies, la nouvelle directrice n'aura qu'à suivre, pour le moment, la route frayée par les femmes vénérables auxquelles elle va succéder. L'esprit qui a guidé leur programme d'études et la direction religieuse de l'institution, répond aux vues de Mademoiselle Wanham, qui n'a nullement l'intention de se poser en réformatrice.

Nous avons vu par quelles attributions distinctes chacune des associées participera à l'œuvre commune. Mademoiselle Léocadie, la Marthe du groupe, s'occupera sans

(1) Signature sociale des directrices.

(2) Peut-être 1845.

retard de l'assainissement du local destiné à recevoir les pensionnaires anciennes (1) et les nouvelles venues dont plusieurs sont les compatriotes de Mesdemoiselles Wanham et les ont suivies de Toul à Nancy. Mais, quoi qu'elle fasse, quelqu'ingénieux que soit son zèle, la bonne et prévoyante maîtresse voit bien qu'il n'y a là que du provisoire et que, pour parer à certains inconvénients rendus irréparables par la vétusté de la maison, ce n'est pas aux simples petits moyens de réparation qu'il faut recourir. Elle rêve pour les enfants, qu'elle chérit à l'avance, une habitation plus saine, plus confortable, d'un aspect plus riant. Il se passe peu de temps sans que, son regard se fixant sur un immeuble voisin, son rêve ne prenne un corps. Il paraît bien ambitieux, ce rêve, pour des débutantes, et cependant, par je ne sais quelles dispositions providentielles, il semble pouvoir devenir et il devient bientôt, en effet, une réalité. Un an plus tard, le pensionnat était transféré dans cette maison de la rue des Chanoines où plusieurs générations d'écolières vont passer les heures inoubliables de l'adolescence et où vivront, en répandant le bien autour d'elles jusqu'à leurs derniers jours, ces trois sœurs qui n'avaient qu'un cœur et dont on pouvait dire : « Voyez comme elles s'aiment ! »

Le local sur lequel Mesdemoiselles Wanham avaient jeté

(1) En 1847, la plupart des grandes élèves avaient encore fait partie de la maison Wouters.

leur dévolu, pour leur installation définitive, était tout à fait propre à sa nouvelle destination. On y trouvait à la fois le recueillement et la vie : le recueillement par son aspect extérieur, par sa situation à proximité de la cathédrale, par son entourage; la vie, par l'air, le soleil, les arbres et les fleurs d'un joli jardin.

Le presbytère, deux couvents, un autre pensionnat de demoiselles connu et apprécié, deux ou trois hôtels particuliers, tel en était alors le voisinage. Quoique séparés par des murs élevés qui garantissaient la complète indépendance de chacun, les jardins de ces immeubles se touchant, laissaient circuler librement l'air, la lumière et de saines émanations. Le silence de ce coin si calme n'était guère troublé qu'à certaines heures de la journée, lorsque les petites pensionnaires prenaient leurs ébats au moment des récréations. A droite, de l'autre côté de la rue des Tiercelins que longeaient les bâtiments des cuisines, la buanderie et le mur du jardin, c'était la chapelle, la maison et le pensionnat des Orphelines de Nancy, puis la Maison des Apprentis que venait de fonder M. l'abbé Harmand, l'un des vicaires de la cathédrale.

On se serait cru là bien loin d'une ville, alors que, à quelques pas, s'étendait le populeux quartier Saint-Nicolas et que, d'un autre côté, en traversant simplement la rue de la Primatiale et le cloître de la cathédrale, on était transporté en plein centre élégant et commercial.

Bien que nous nous soyons promis d'éviter de nous mettre en jeu, au cours de ce récit, qu'il nous soit permis de dire quelle fut l'impression de nos parents en choisissant, entre toutes les maisons d'éducation de Nancy, le pensionnat de Mesdemoiselles Wanham. Elle est, je crois, celle de tous les parents qui, comme les nôtres, ne pouvant ou ne voulant mettre leurs filles dans un couvent, tenaient néanmoins à ne les confier qu'à des femmes distinguées et chrétiennes dans l'acception la plus complète de ces deux mots.

Lorsque, en arrivant à Nancy où l'appelait la position de son mari, notre mère s'enquit pour ses trois petites filles d'un externat où elles pourraient, sans quitter le foyer de famille, faire toutes leurs études et que, soucieuse du bien de ses enfants, après de minutieuses recherches et de sérieux renseignements obtenus, elle se décida à aller visiter la maison de Mademoiselle Wanham et la jeune directrice, elle revint enchantée de ce qu'elle avait vu et entendu et, dès lors, ses hésitations prirent fin.

« En touchant le bouton de la sonnette, nous disait-elle « depuis, je fus un peu frappée de l'austérité de cette « muraille percée à peine de deux ou trois fenêtres, et « j'eus un instant la pensée de reculer. Mais, dès que la « porte s'ouvrit sur un vestibule large et clair, à l'extré- « mité duquel j'aperçus la cour plantée de quelques arbres, « entre autres d'un superbe abricotier chargé de fruits

« dorés et que, au delà, j'entrevis le jardin, mon impression « fut toute autre. Cet ensemble me charma. »

Là n'était pas toutefois le point le plus important. Il fallait connaître les maîtresses. Notre mère vit bientôt quels cœurs s'abritaient sous des dehors un peu froids, et elle comprit qu'elle s'entendrait aisément avec des femmes trop intelligentes pour contester son autorité maternelle et que, de son côté, elle se promettait de ne contrecarrer ni dans leur méthode d'enseignement, ni dans les principes d'éducation qu'elles auraient à inculquer à leurs petites élèves, méthode et principes qui lui semblaient répondre en tout à ses idées personnelles. Elle ne prétendait pas abdiquer en faveur des institutrices de ses filles, mais elle comptait bien les seconder dans leur tâche.

Ainsi fut choisie pour nous, comme elle le fut pour bien d'autres, cette institution où nous devions rester jusqu'à la fin de nos études et à laquelle nous avons voué, dans la personne de nos chères directrices, une affection qui durera autant que nous.

Mademoiselle Sidonie Wanham avait grand souci de n'admettre dans son pensionnat que des enfants appartenant à d'honorables familles ; cependant elle n'avait pas le ridicule amour-propre de ne recevoir que des jeunes filles dont le nom ou la fortune pussent donner un certain relief à sa maison. Pour elle, la richesse c'était la vertu, la véritable noblesse, celle des sentiments.

Les pensionnaires, à quelques exceptions près, étaient recrutées dans les petites villes et dans les campagnes de la Meurthe, des Vosges et de l'Alsace et, disons-le, en passant, c'était merveille de voir combien il fallait peu de temps à ces jeunes filles, dont beaucoup, jusqu'à douze ou treize ans, n'avaient fréquenté que l'école de leur village, pour prendre bon rang dans la classe et pour acquérir le ton et les manières modestes et distinguées dont Mesdemoiselles Wanham tenaient à imprimer le cachet à leurs élèves.

Il y avait plus de variété d'origine parmi les demi-pensionnaires et les externes : c'étaient des Nancéennes, des filles de militaires ou de fonctionnaires. Toutes étaient traitées sur le même pied d'égalité. Les préférences, s'il y en avait eu, eussent été pour les moins heureusement douées quant à la situation matérielle, pour les plus sages, pour celles qui pouvaient être du meilleur exemple pour leurs compagnes.

Le désintéressement de Mademoiselle Sidonie Wanham était tel que, dès qu'il lui était présenté une enfant à laquelle elle sentait devoir faire quelque bien dans le présent ou dans l'avenir, elle lui ouvrait très larges les portes de la maison, sans se demander si cette admission lui coûterait l'éloignement de telle ou telle fillette dont les parents, à tort ou à raison plus difficiles, n'accepteraient pas un contact qui ne leur semblerait pas en rapport avec leur position dans le monde.

Mademoiselle Sidonie voyait là un acte de charité à accomplir ; elle n'hésitait pas, quelles qu'en dussent être pour elle les conséquences. Sa conscience, si délicate en ce point, n'aurait pas transigé davantage avec le pénible devoir d'exclure de son petit troupeau, s'il y avait eu lieu, la brebis malade capable d'y semer le germe d'une funeste contagion.

IV

Le pensionnat. — Les études.

Le plan des études était simple.

Nous avons vu que les élèves étaient divisées en trois catégories : les *grandes,* les *moyennes* et les *petites.* Cette division dans les dortoirs et dans les jeux était la même dans les classes subdivisées chacune en deux ou trois cours.

Les *petites* apprenaient à lire, à écrire, à compter ; le catéchisme, l'histoire sainte, un peu d'histoire de France, de grammaire et de calcul. C'était, en un mot, le programme du cours élémentaire des écoles primaires de cette époque. Il en était à peu près de même pour la classe des *moyennes* dans laquelle l'étude de la langue française, du calcul, de l'histoire était poussée assez loin pour que les enfants rappelées dans la famille avant d'entrer dans la classe supérieure ne fussent pas, dans la vie, ignorantes de ce que toute femme doit connaître. On y exerçait les élèves à la rédaction par de petites compositions, des lettres, et surtout par le résumé des leçons reçues. On commençait dans cette classe à suivre les cours de dessin qui faisaient partie du programme des études. Jusque-là, rien qui diffère de la méthode adoptée généralement.

C'est dans la classe des *grandes* que s'affirme davantage le système particulier à notre institutrice.

Plaçons-nous d'abord au simple point de vue de l'enseignement classique, nous verrons ensuite l'effet moral qui résulte de ce système.

Les élèves qui, en passant de la seconde à la première classe ou celles qui, entrant dans la maison, sont jugées aptes à suivre le cours supérieur, n'abandonnent pas pour cela des études trouvées peut-être par plusieurs inférieures à leur âge et à leurs capacités.

Le français est repris aux règles les plus élémentaires de la grammaire, mais poussé rapidement vers les difficultés de notre langue, rendues familières par des analyses grammaticales et logiques très détaillées et par des exercices commentés puisés aux meilleures sources. Dans notre jeunesse, on ne faisait pas litière d'une orthographe irréprochable, et la correction du langage, écrit ou parlé, était considérée comme la base et l'indice d'une éducation soignée. Mademoiselle Wanham le pensait ainsi ; et, quelqu'aride que cela pût lui paraître, elle consacrait dans la semaine quelques heures à ces leçons.

La littérature et l'histoire, séparément ou simultanément, suivant que l'une concourait à l'action de l'autre, avaient sa préférence sur les autres études, et ces deux cours offraient aux élèves studieuses et intelligentes un véritable attrait.

L'histoire des peuples anciens et modernes était enseignée d'après les auteurs les plus accrédités et choisis rigoureusement parmi ceux dont l'esprit ne s'écartait pas des doctrines professées par nos maîtresses, doctrines strictement chrétiennes, mais sans parti pris exagéré quant aux faits à faire connaître aux élèves : droiture et rectitude en cela, comme en toute autre chose !

Je me demande encore aujourd'hui comment Mademoiselle Wanham pouvait trouver assez de temps pour les recherches nécessaires à ce genre de leçons. Les cours étaient lus et expliqués. Les jeunes filles prenaient des notes et devaient, à la leçon suivante, en fournir le résumé ou plutôt la reproduction, avec des notes marginales donnant, en regard du texte, une sorte de sommaire, les dates, les synchronismes et quelques réflexions inspirées par le fait lui-même. Chaque cahier d'histoire était rédigé de la même manière. On comprend que l'histoire, ainsi enseignée, ne pouvait en une année être approfondie dans son entier. L'étude d'une nation, de la nôtre surtout, exigeait au moins deux ou trois années. L'élève nouvelle commençait donc quelquefois le cours au tiers ou à la moitié ; les lacunes étaient comblées l'année suivante. Mais bien qu'il fût rare qu'une élève de Mademoiselle Wanham ne restât pas sous sa direction le temps nécessaire à des études complètes, on ne pouvait laisser subsister ces lacunes, et les leçons apprises par cœur dans des abrégés classiques nous faisaient annuellement parcourir l'histoire, objet de notre travail, de ses origines à sa disparition ou à sa fusion avec un autre peuple, jusqu'à l'époque contemporaine.

L'étude de la littérature, en tant qu'étude historique, suivait à peu près la même marche. Elle embrassait les différents peuples, en décrivait la genèse, les progrès ou la décadence.

Les littérateurs : poètes, historiens, orateurs, philosophes y étaient étudiés dans leur vie et dans leurs œuvres dont on nous lisait quelques pages choisies en plus ou moins grand nombre et dont quelques-unes étaient le sujet d'une analyse littéraire abandonnée à peu près à notre appréciation, ce qui donnait à notre professeur la possibilité de connaître le jugement des élèves, de l'approuver ou d'en rectifier les écarts. Il y avait aussi la branche de la littérature appelée, peut-être bien pompeusement, la *rhétorique* dont on s'occupait avec soin. Inutile de m'étendre sur ce que comprenait cette étude dont le programme se trouvait dans tous les manuels scolaires, soit pour la préparation au baccalauréat, soit pour celle des aspirantes au brevet d'enseignement supérieur. Ce que je dois dire, c'est qu'elle nous offrait un grand intérêt par le choix des morceaux qui nous étaient cités à l'appui des principes et des règles applicables à chaque genre de littérature et dont plusieurs nous étaient imposés comme exercices de mémoire.

Mademoiselle Wanham ne voulait pas laisser ses élèves tout à fait ignorantes de la logique et des différents systèmes de philosophie qu'elle nous signalait avec leurs erreurs ou leurs qualités. Nous avons vu que l'histoire de la philosophie et des philosophes se confondait le plus souvent avec l'histoire proprement dite et avec celle de la littérature ancienne ou moderne.

De temps à autre, quelques leçons étaient consacrées aux beaux-arts : architecture, sculpture, peinture et musique. Les œuvres proposées à l'admiration des élèves étaient restreintes. Notre professeur voulait y voir le point de départ élevé et pur, l'influence de l'idée religieuse, l'envolée reconnaissante vers Dieu, dispensateur de tout génie humain.

Se rattachant jusqu'à un certain point à ces notions diverses et à la littérature, les compositions de style étaient données fréquemment comme devoirs. Les sujets en étaient variés : récits de voyages, fragments historiques, lettres de tout genre, études artistiques ou conseils pédagogiques, etc., etc. La part de l'imagination y était, on le voit, assez limitée, bien qu'elle n'en fût pas systématiquement bannie. Ces compositions étaient lues en aparté à la maîtresse qui les corrigeait verbalement en donnant à l'élève le pourquoi circonstancié de telle ou telle addition ou rature. Le français en devait être châtié, sinon toujours élégant.

Ce mode de correction des devoirs, dans l'intime confiance du tête-à-tête, permettait à l'élève de soumettre les objections qui pouvaient naître en son esprit ou troubler sa conscience, d'épancher son cœur froissé d'un procédé, attristé de ce qui lui semblait une injustice, et donnait occasion à la maîtresse d'éclairer le point obscur, d'encourager un bon mouvement, de consoler d'un déboire, de redresser un jugement faux et, s'il y avait lieu, de blâmer, par une observation sévère, un manquement qui, n'ayant pas été public, ne devait pas non plus être publiquement réprimandé. Ce fauteuil d'institutrice était alors comme une sorte de confessionnal dont le secret n'était pas violé et d'où l'on s'éloignait, bien confuse quelquefois, mais, le plus souvent, le visage et le cœur tout rassérénés.

C'était pour Mademoiselle Wanham une satisfaction réelle et bien légitime de trouver dans le travail de ses jeunes disciples le reflet sincère de ses sentiments, et nous l'avons vue toute fière, soit devant un monument, soit devant un tableau, lorsqu'une élève, ayant profité de ses leçons, en découvrait l'auteur ou en déterminait l'époque et, par une sorte d'initiative d'appréciation, tombait d'accord avec elle sur les beautés ou sur les imperfections de l'œuvre.

A part l'arithmétique enseignée à fond, la partie scientifique des études s'effaçait au second plan et pouvait passer pour un peu sacrifiée.

L'histoire naturelle dans ses trois branches : zoologie, botanique, minéralogie ; la physique et la chimie ne nous étaient révélées que par l'étude aride d'abrégés succincts, ne nous laissant en mémoire que des lois générales, des classifications, des nomenclatures. Les programmes, du reste, n'en demandaient pas davantage, et ce n'était pas le côté fort de notre directrice, si parfaite sous d'autres rapports. Aussi, lorsque les exigences universitaires s'étendirent aux sciences aussi bien qu'aux lettres, lorsqu'on ne se contenta plus de simples notions pour l'admission des jeunes filles au brevet de premier ordre, Mademoiselle Wanham dut-elle s'adjoindre, pour la préparation aux examens, des professeurs spéciaux, ce qui l'entraîna à un double sacrifice : sacrifice d'argent et sacrifice de tendances.

Mais si Mesdemoiselles Wanham ne visaient pas à faire de leurs élèves des « femmes savantes », elles tenaient néanmoins à en faire des « femmes instruites », à la hauteur de leur époque et des devoirs qu'elles auraient un jour à remplir, partageant en cela l'opinion d'un illustre évêque dont l'autorité fait loi en matière d'éducation, j'ai nommé Mgr Dupanloup. Pour obtenir ce résultat rien ne devait être et ne fut négligé.

En dehors de sa classe, dont les cours lui laissaient cependant si peu de loisirs, Mademoiselle Sidonie se réservait exclusivement pour toutes les élèves, petites et grandes réunies, la lecture à haute voix — la lecture expressive, ainsi qu'on la désigne aujourd'hui. — Chaque matin et tour à tour, une élève lisait un fragment quelconque de prose ou de poésie, puis notre professeur, avec un charme tout à fait attachant, prenait elle-même le livre et nous donnait ainsi la meilleure des leçons. Nous ne pouvons oublier l'attrait qu'il y avait à écouter la lectrice et le plaisir que l'on témoignait à la voir, le lendemain, continuer la lecture qui nous avait captivées la veille.

Un choix sévère présidait à ces lectures, qu'elles fussent enfantines ou déjà sérieuses. La formation d'une bibliothèque de jeune fille n'était pas chose de médiocre importance aux yeux de la prudente institutrice. Nous en jugerons par ses conseils aux élèves qui devront quitter le pensionnat.

Pendant la lecture, le silence était absolu, mais les doigts de tout ce petit monde n'étaient pas inoccupés. Mademoiselle Louisa, notre habile maîtresse d'ouvrage, avait distribué le travail préparé : crochet, tapisserie, tricot, broderie, couture, voire même quelques raccommodages ; elle avait indiqué à chacune sa tâche et ce qu'il y avait à faire pour la mener à bien. Mesdemoiselles Wanham estimaient que les travaux féminins devaient avoir leur place dans toute éducation et, dans un des petits livres que Mademoiselle Sidonie Wanham publiait à la fin de sa vie, elle se plaisait à citer ce mot d'une mère de famille :

« Mes filles sont destinées sans doute au mariage et elles « s'appliquent aux travaux des doigts. C'est un moyen de « rendre tant de services dans un ménage ! » Et, de cette parole si simple, elle concluait qu'une mère ayant de tels principes devait « avoir lu l'Écriture et connaître le prix « de la Femme forte dont l'activité s'exerce surtout dans « l'intérieur. »

A la lecture qui avait disposé l'esprit des élèves à l'attention, et toute leur personne à une attitude recueillie, succédait l'Instruction religieuse et morale.

En dehors du catéchisme du diocèse et des pages de l'Évangile que les enfants apprenaient par cœur, une demi-heure était quotidiennement consacrée à l'enseignement de la doctrine chrétienne, à l'explication des dogmes catholiques, à celle des conseils évangéliques.

C'était dans la journée un moment respecté entre tous que celui de cette Instruction faite par notre zélée directrice avec une expérience de ce qui convenait à son jeune auditoire, une autorité de savoir, une orthodoxie de doctrine, une pureté de morale, qui lui valurent plus d'une fois la haute approbation des ecclésiastiques les plus savants et les plus distingués.

Une fois par semaine, un vénérable chanoine de la Cathédrale venait appuyer cet enseignement *laïque* de l'affirmation, de la sanction de sa parole de prêtre. Il interrogeait les élèves sur les points étudiés dans la semaine et, s'il avait parfois une observation à faire, elle était bien plus souvent provoquée par l'extrême timidité que par l'ignorance de l'enfant mise sur la sellette devant toutes les maîtresses et les élèves réunies.

Exceptionnellement, quelques jeunes filles protestantes étaient admises dans le pensionnat, mais il ne fallait en rien qu'elles se distinguassent de leurs compagnes. Les parents en étaient prévenus.

Le règlement les obligeait à assister à la prière dite en commun, agenouillées et respectueuses, ainsi qu'à cette instruction religieuse dont nous venons de parler. Jamais l'une d'elles n'eut à se plaindre d'un mot blessant ou troublant pour sa conscience, tant il y avait de tact dans un enseignement qui, cependant, ne pouvait être taxé ni de complaisance, ni de libéralisme.

Toutes celles qui ont passé dans nos rangs n'ont gardé qu'un bon souvenir de leur temps de pension. Et si ce qu'elles y ont entendu et vu, si ces leçons élevées auxquelles elles ont passivement participé ne les ont pas détournées de l'erreur, au moins ont-elles dû y perdre les fatales préventions suscitées contre notre morale et nos dogmes par les autorités de leurs sectes.

Pour vivre dans un milieu si foncièrement catholique, elles n'étaient pas privées de l'assistance aux exercices de leur culte ; mais Mesdemoiselles Wanham n'auraient voulu en aucun cas laisser le soin de les accompagner au temple à des domestiques ou à de jeunes sous-maîtresses dont la foi, non encore assez éprouvée, eût peut-être subi quelqu'atteinte de l'audition d'un enseignement subversif. Quelle que fût leur répugnance, Mesdemoiselles Sidonie et Léocadie, alternativement, s'astreignaient à assister au prêche, le dimanche, sans jamais témoigner ostensiblement la désapprobation ou le blâme, se retrempant dans leur âme par la méditation de la vérité et par de ferventes prières.

Aux élèves si charitablement traitées de comprendre ce que valait cette abnégation de nos pieuses maîtresses et à quelles sources seules se puisent l'élévation de la doctrine et la délicatesse de conscience poussée jusqu'à la plus stricte observation d'un engagement quel qu'il soit.

Nous aussi, compagnes et amies, nous étions tenues vis-à-vis d'elles à la réserve la plus complète en matière religieuse. Nous n'avions droit qu'à l'apostolat de la charité et du bon exemple.

V

Vie de famille au pensionnat. Education religieuse et morale.

Si nous avions voulu faire de ce récit un traité pédagogique,— et nous n'avions pas qualité pour cela,— il nous resterait encore matière à un long examen sur chacune des branches de l'enseignement à cette époque et de nos jours. Nous n'avons pas la prétention d'établir la comparaison entre les diverses méthodes. Ce travail demanderait une compétence que nous déclinons. Notre but, dans ce rapide exposé, est simplement de mettre en lumière, sous toutes ses faces, le professorat de Mademoiselle Anne-Sidonie Wanham, puisque ce professorat remplissait sa vie, qu'il fut sa vie même, et que toutes les forces d'une intelligence hors ligne étaient concentrées dans une pensée unique : Instruire en élevant.

En 1874, un grand savant, M. Pasteur, disait dans un discours au collège d'Arbois :

« Je souhaiterais qu'en franchissant le seuil de sa classe,
« tout professeur se dît avec recueillement : Comment
« élèverai-je aujourd'hui plus haut qu'hier l'intelligence
« et le cœur de mes disciples ? »

En 1892, nous retrouvons sous la plume de Mademoiselle Wanham cette phrase qui fut si souvent la sienne durant sa longue carrière, et à laquelle, chaque jour, elle savait trouver une réponse. Oui, elle avait le vouloir de faire monter chaque jour vers de plus hautes régions ces jeunes âmes dont elle avait charge ; ce n'était pas à la légère qu'elle faisait descendre de sa modeste chaire d'institutrice la moindre de ses leçons. L'étude, la méditation, la prière, avaient toujours précédé l'enseignement, quelque technique qu'il parût. Elle aura pu se rendre la justice que, si elle n'a pas toujours réussi vis-à-vis d'intelligences réfractaires ou quelquefois volontairement rebelles, il n'y a eu de sa part ni négligence, ni incapacité.

Nous entrons ici dans le vif de notre sujet : l'éducation dont notre institutrice cherchait à imprimer le cachet en chacune des jeunes filles qui avaient passé par ses mains.

Quels étaient les principes de Mademoiselle Wanham ?.. Nous le savons déjà. Quels étaient les moyens dont elle se servait pour faire germer et fructifier autour d'elle ces principes auxquels elle tenait si fermement ? Il nous suffit, pour les connaître, de jeter un regard rétrospectif sur le règlement de la maison dirigée par Mademoiselle Wanham et ses dignes auxiliaires, sur la vie de tout ce monde qui l'anima tant d'années.

Et ce retour vers le passé nous fait voir la vie de famille s'épanouissant avec toutes ses délicatesses dans cette vie de pension.

Si l'observation sévère d'un règlement y était de nécessité, combien la sévérité y était tempérée par la sollicitude maternelle des maîtresses pour leurs élèves! De l'obligation de punir ne résultait pas la dureté.

On cherchait à corriger certains défauts, à réprimer certaines tendances, mais sans heurter les caractères étudiés avec soin et jugés avec l'autorité de l'expérience ; et il y avait bien plus de calcul que de premier mouvement dans les corrections toujours empreintes de douceur. Le continuel souci de la santé des enfants s'y faisait sentir presqu'à l'égal du bien à faire à leurs jeunes âmes.

Le lit pour les accès de colère ; — le plus souvent la crise de révolte s'étouffait dans un bienfaisant sommeil ;— la privation, non d'un repas réglementaire, mais de ce qui pouvait flatter la gourmandise ; un devoir de supplément pour la paresse ; pour les autres fautes, une récréation ou une sortie passée à l'étude ; une petite humiliation ou des excuses exigées en présence des compagnes offensées ou scandalisées. Jamais une manifestation d'orgueil ne passait inaperçue ; la fillette qui, pour faire parade de son petit savoir, répondait avant son tour aux interrogations, cessait d'être elle-même interrogée pendant un certain nombre de leçons.

On voit que l'arsenal des *instruments de torture* du pensionnat n'était pas bien terrible. Nulle d'entre nous ne peut garder le souvenir d'une simple chiquenaude, ou d'un semblant de séquestration dans un endroit obscur.

Il était rare que les petites pénitentes, punies spontanément ou prévenues à l'avance du blâme auquel elles s'étaient exposées, ne comprissent pas le bien-fondé de la pénitence imposée.

Les louanges étaient ménagées ; rarement donnée la note *très bien ;* et si l'on proposait comme modèle aux enfants quelques-unes de leurs condisciples, c'était sans glorifier celles-ci outre mesure, évitant ainsi d'établir une comparaison capable d'exciter la jalousie ou l'animosité.

Les récompenses étaient modestes : les bons points obtenus mentionnés publiquement, le classement d'après le travail, les prix à la fin de l'année caressaient seuls l'amour-propre. Dans un ordre plus élevé, un mot affectueux d'une maîtresse, un témoignage de confiance, la participation à une bonne œuvre, l'admission à un acte de charité étaient les faveurs ambitionnées par les *très sages* de l'un ou de l'autre cours.

La maison ne comportait ni une chapelle, ni un aumônier spécial ; mais située, comme nous l'avons dit, à l'ombre de la Cathédrale, elle faisait partie de cette paroisse. Maîtresses et élèves étaient donc, de droit, paroissiennes de la Métropole et assistaient régulièrement à tous les offices. Les *petites* suivaient là les catéchismes de préparation à la première Communion ; les autres, celles qui déjà avaient eu part au Banquet eucharistique, étaient conduites aux catéchismes de persévérance.

Malgré le soin si éclairé apporté à l'instruction religieuse dans les leçons du pensionnat, Mesdemoiselles Wanham ne pensaient pas devoir éloigner leurs élèves des enseignements de la paroisse.

C'est ici le cas de montrer quelle importance Mademoiselle Sidonie Wanham donnait à cet enseignement religieux que nous avons considéré au simple point de vue des autres études, quel poids il ajoutait à la morale qu'elle nous prêchait et quelle influence il exercerait — elle en avait l'espoir — sur l'existence tout entière de ses élèves.

Ainsi qu'au commencement et à la fin de la journée, la prière était, au début et à la clôture des leçons, l'acte qui devait en assurer le succès.

Comment, après une prière bien dite, non seulement en paroles et dans la tenue irréprochable exigée des enfants, mais du fond du cœur, comment notre travail n'aurait-il pas été béni ?... Comment aussi se dispenser de l'action de grâces pour le bienfait d'une bonne éducation dont, hélas ! tant de pauvres enfants n'auront jamais joui ?...

Tels étaient les sentiments que nous inspiraient nos maîtresses.

L'assistance quotidienne à la Messe n'était pas dans le règlement. Le jeudi seulement, on entendait à la Cathédrale la Messe de huit heures à laquelle les externes devaient se rendre de leur côté et où elles venaient grossir le noyau des pensionnaires. Il y avait classe ce jour-là dans la matinée; mais, une fois par mois, jour de grand congé, les élèves ne pouvaient ni prendre leurs ébats, ni sortir en compagnie de leurs parents ou de correspondants agréés, sans avoir sanctifié par la prière au pied des autels une journée consacrée au plaisir.

Le dimanche, tout le pensionnat suivait les offices de la Cathédrale: grand'messe, vêpres et salut. Ces devoirs de rigueur accomplis, les élèves employaient les heures restées libres à la correspondance, à la lecture, à la promenade ou à des jeux divers; le temps et la saison en décidaient le choix. Les pensionnaires n'assistaient pas aux exercices du soir à l'église. En Carême, cependant, et pendant le mois de Marie, lorsque les sujets traités par le prédicateur de la station semblaient devoir rester à la portée des intelligences de jeunes filles, les plus âgées étaient conduites au sermon par deux maîtresses. Les externes pouvaient, si les parents en exprimaient le désir, prendre place à côté de leurs compagnes dans l'espace réservé à la Cathédrale pour la pension, soit le dimanche, soit aux différents offices de la semaine. Toutes devaient y avoir une tenue exemplaire; la moindre infraction, le moindre signe de dissipation, y étaient sévèrement réprimés, et l'on était engagée à fournir la preuve de l'attention prêtée aux sermons par des résumés qui, pourtant, n'étaient pas absolument obligatoires.

Les vacances de Pâques ne s'ouvraient jamais avant que

les pensionnaires eussent accompli le devoir pascal. Elles y étaient pieusement préparées ; aidées pour l'examen de conscience, par de judicieux conseils et excitées à la ferveur par des lectures choisies avec une délicate expérience de ce qui convenait à ces jeunes âmes.

A ce moment de l'année, comme aux autres grandes fêtes, les mystères célébrés par l'Eglise faisaient le sujet des instructions religieuses de chaque jour. La liturgie catholique nous était expliquée dans tous ses détails de façon à ce que, durant l'assistance aux longs et solennels offices de la Cathédrale, toute cérémonie eût pour nous sa portée instructive et morale. Ainsi aux sentiments de dévotion venait s'ajouter l'attrait d'un réel intérêt.

La Communion mensuelle était aussi l'objet d'une sérieuse préparation et, les jours qui la suivaient, rien n'était négligé pour en maintenir les fruits dans les esprits et dans toute la conduite. On devait s'apercevoir que Notre Seigneur Jésus-Christ avait passé parmi nous ; alors à quelle observation de nous-mêmes et de nos actions n'étions-nous pas exhortées ! D'après cela, il est facile de se figurer avec quels soins, avec quelle attention particulière on disposait les enfants à la Première Communion, ce que pouvait être le dévouement des maîtresses pendant la semaine de retraite. Durant les heures passées à la Cathédrale ou à la salle des catéchismes de la paroisse, durant le temps destiné au repos ou à la récréation, aucune de ces enfants, auxquelles on avait sacrifié une des salles d'études, n'était perdue de vue une minute par une ou deux de ces dames, secondées quelquefois par les plus grandes élèves. Les classes ne devaient pas souffrir de ce surcroît à la tâche quotidienne; mais c'était pour Dieu toute cette fatigue; c'était pour que « sa bénédiction descendît sur ce petit troupeau et y demeurât toujours (1), » et nos maîtresses ne s'en plaignaient pas!

Malgré la haute dévotion de Mesdemoiselles Wanham, malgré les sentiments de piété qu'elles exigeaient des jeunes filles qui devinrent leurs auxiliaires après le départ de leur associée, Sœur Marie-Bernard, il n'y avait nulle austérité dans les doctrines qu'elles enseignaient à leurs élèves. Il n'était question que du devoir, mais du devoir bien et consciencieusement accompli.

Si l'on encourageait à faire à Dieu quelques sacrifices, ces sacrifices consistaient simplement dans le renoncement à certaines tendances plus ou moins répréhensibles. Point de mortifications corporelles, si ce n'est en Carême ou au jour des Quatre-Temps la privation du dessert, aux repas, et de la petite friandise qui assaisonnait d'ordinaire le morceau de pain du goûter. Mis de côté, ce dessert — chocolat, confitures ou fruits — était distribué aux enfants pauvres du quartier à titre d'œufs de Pâques.

(1) *Benedictio Domini nostri Jesu-Christi descendat super te et maneat semper.* » Paroles de la bénédiction du prêtre aux fidèles qui ont communié.

Les jeunes filles plus disposées que d'autres à la prière ou à la méditation pouvaient, à certaines heures, se recueillir dans un petit oratoire situé dans le jardin et dédié à la Sainte Vierge dont la statue était autant que possible ornée des fleurs de la saison. C'est devant cette humble chapelle que se disait, pendant l'été, la prière du soir, et que, tout le mois de Mai, se faisaient la lecture et les courts exercices du mois de Marie.

Certainement, si Mesdemoiselles Wanham avaient eu à diriger vers une vocation quelconque les élèves dont l'avenir était leur constante préoccupation, elles les eussent poussées à la vie religieuse. Mais, sous ce rapport, elles ne voulaient exercer ni pression, ni influence et elles se bornaient à essayer de tout leur pouvoir de les former à la vie chrétienne.

Après avoir ainsi déterminé les devoirs envers Dieu, en avoir réglé l'accomplissement, Mademoiselle Wanham plaçait en première ligne les devoirs envers les parents.

Dans un opuscule intitulé : *Fragments de leçons de morale chrétienne, laissés par une Maîtresse d'Ecole,* Anne-Sidonie Wanham écrivait en 1893 :

« Un enseignement scolaire dont l'influence n'irait pas
« jusqu'à la famille, pour y faire pratiquer la charité
« fraternelle, serait un enseignement imparfait.

« Que font à un père et à une mère les plus belles études
« littéraires et les éléments des sciences sans la pratique
« de ces vertus chrétiennes ?

« Que font toutes ces études qui ne récompensent, ni ne « consolent ceux qui ont souffert pour leurs enfants ? »

Que de fois cette parole n'est-elle pas tombée de la chaire de notre institutrice anathématisant l'enfant ingrat : « Malheur à celui qui contriste le cœur de son père ou qui fait pleurer sa mère ! » Et quelle autorité n'avait-elle pas, dans la bouche de cette femme qui fit de la piété filiale l'un des plus puissants mobiles des actes de sa vie.

Obéissance et soumission en tout ce qui n'est pas contraire à la loi de Dieu, respect toujours, tendresse affectueuse sans familiarité, aide à nos mères dans leur tâche parfois si lourde, telles étaient les qualités que notre maîtresse voulait attacher à notre amour pour nos parents. Et beaucoup d'entre nous ont puisé aux sources de cet enseignement — qui n'est autre, du reste, que celui du catéchisme — le dévouement dont elles ont entouré la vieillesse d'un père ou par lequel elles ont soulagé les souffrances d'une mère !

Pour mettre ces jeunes têtes en mesure de remplir un jour les devoirs d'une fille, et, plus tard, peut-être, ceux d'une mère de famille, il ne fallait pas se borner, ainsi que Mademoiselle Wanham le disait elle-même, aux études classiques quelqu'élevées qu'elles fussent ; il fallait former des femmes et les initier autant que possible aux soins et à la tenue d'une maison.

Les pensionnaires avaient chacune, dans une vaste salle située au-dessus des dortoirs, une armoire et une malle dans laquelle elle devaient elles-mêmes ranger leur linge et leurs vêtements. Deux fois par semaine, un certain temps était consacré à mettre de l'ordre dans le petit trousseau et à préparer les objets nécessaires à la toilette des jours suivants. Une de ces dames accompagnait les enfants, examinait la manière dont elles s'y prenaient et donnait des conseils pour l'arrangement de chaque chose.

En classe aussi, les pupitres devaient être soigneusement tenus. La visite en était faite assez souvent. Mademoiselle Sidonie Wanham mettait l'ordre et la propreté au rang des petites vertus

« Une femme d'ordre est la prospérité d'une maison.
« Seigneur, faites-nous la grâce de le devenir ! »

Invocation quotidienne que nos maîtresses mettaient sur nos lèvres à l'issue de la prière du soir, formule biblique qui leur était toute spéciale et qui témoignait de la valeur que, femmes d'ordre elles-mêmes, elles attachaient à cette précieuse qualité.

Mais il ne fallait pas que l'ordre dégénérât en manie, et, quelque mérité qu'il fût, le prix d'ordre, qui n'était pas dédaigné, n'était jamais décerné à celle qui, pour ne pas déranger la symétrie de l'armoire ou du pupitre, pour ne rien perdre du temps destiné à un arrangement personnel, refusait à une compagne ou un complaisant service, ou le prêt obligeant d'un objet quelconque. Si la prévoyance de la fourmi nous était sagement conseillée, cette prévoyance ne devait pas entraîner le défaut qui en est l'excès et l'abus : le manque de charité envers la pauvre cigale !

Le matin, avant de quitter le dortoir, les élèves faisaient leur lit. Il n'était ni difficile, ni fatigant de s'acquitter de ce soin : les couchettes étaient étroites, les matelas peu lourds à remuer ; mais cela donnait aux fillettes, avec un salutaire mouvement du corps, une excellente habitude à conserver. Chacune avait, en outre, sa semaine pour aider au réfectoire la femme de chambre à mettre le couvert et pour enlever, dans nos vastes dortoirs, avant l'heure du coucher, les blanches housses qui recouvraient les lits, puis préparer au pied de chaque lit, sur une longue table d'une éblouissante propreté, les ustensiles de toilette renfermés pendant le jour dans des cases numérotées.

Il était laissé pour les soins de la toilette un temps relativement très court. Il n'y avait pas à s'y attarder ; cependant, les moindres détails étaient l'objet d'une surveillance minutieuse.

Disons, en passant, qu'il n'était pas exigé d'uniforme, mais que, dans la couleur et dans la forme, les vêtements, laissés à peu près au choix des parents, devaient être modestes, se ressembler, n'attirer l'œil en rien, et, par là même, ne donner prise à aucune jalousie mesquine entre des enfants destinées à vivre quelques années de la même vie et sous le même toit.

« Messieurs les écoliers, Messieurs les hommes, c'est la « même chose. C'est qu'il y a déjà de l'homme dans « l'écolier et qu'il y a toujours de l'écolier dans l'homme. »

Lisant naguère cette phrase dans je ne sais quel discours de Victor Hugo, je fus frappée de l'analogie qu'il y avait entre cette pensée du grand poète et celle que notre maîtresse mettait souvent au jour devant nous : « La « pension, disait-elle, est un petit monde dans le monde. « Dans ce petit monde on rencontre en miniature les « vices et les passions du grand, si on y découvre aussi le « germe des vertus. » Faire fructifier ce germe, détruire à son apparition le ferment des passions mauvaises, c'est certainement le point essentiel à observer par l'éducateur.

Oui, Mademoiselle Anne-Sidonie le sentait lorsqu'elle établissait les rapports des enfants entre elles. Elle lisait et étudiait ce qui se passait dans ces petites têtes brunes ou blondes, ce qui faisait rêver leur cerveau, ce qui excitait les battements encore inconscients de leur cœur.

Compétitions enfantines, minuscules intrigues, tromperies percées à jour, petites hypocrisies, rien, à de rares exceptions près, n'échappait à sa clairvoyance, non pour en éprouver un vain et stérile regret, mais pour remédier au mal le plus promptement possible. Aussi comme elle s'efforçait de pénétrer des sentiments d'une chrétienne solidarité, d'une fraternelle charité l'âme de ces enfants dont une commune éducation faisait momentanément des sœurs ! Elle voulait que toutes s'aimassent également. Lorsqu'une sympathie naturelle, des liens de famille ou des analogies de naissance attiraient plus particulièrement l'une vers l'autre deux ou plusieurs petites compagnes, les bons rapports avec toutes ne devaient pas en souffrir. Les jeux des unes, ainsi que les études, devaient être les jeux des autres ; les promenades à deux pendant les récréations, les aparté, étaient interdits formellement.

Les conversations devaient pouvoir être entendues et, au surplus, à moins de circonstances qui ne fussent une contre-indication à la règle existante, les exercices corporels : courses, danses, voire même déjà à cette époque lointaine de notre jeunesse, un peu de gymnastique, étaient d'obligation aux heures des récréations lorsque le temps permettait de les passer au dehors.

Nos excellentes maîtresses voulaient bien y prendre part, encourageant les oisives, les récalcitrantes, tempérant par leur présence les ébats trop violents. Les fortes devaient avoir égard à la faiblesse de quelques-unes, éviter une brusquerie dont les conséquences auraient pu quelquefois devenir nuisibles, en un mot être sans cesse et en tout de charitables petites sœurs. Il n'en était certes pas toujours ainsi, mais la faute ne pouvait en être imputée à nos maîtresses, souvent impuissantes en face de certaines natures.

La politesse, au moins, « cette ouate légère que l'on

« met entre les objets précieux pour les empêcher de se « briser (1), » était de rigueur entre nous pour éviter, au moral, les heurts et les froissements, non moins funestes que les blessures physiques. Elle nous était présentée comme partie intégrante de la charité, et l'on nous faisait un cas de conscience du moindre manquement à la manifestation, même superficielle, de cette vertu.

Polies d'égales à égales, il fallait l'être aussi avec les inférieurs, avec les domestiques, avec les pauvres surtout, si facilement susceptibles et si souvent adoucis, réconfortés, relevés à leurs propres yeux, et ramenés à des idées plus justes par une parole bienveillante.

Inutile de dire que la politesse pour nos parents, nos maîtres, pour tous ceux que l'âge ou la position rendaient nos supérieurs, nous était prêchée avec insistance.

Nous avons dit qu'il y avait dans la rue des Chanoines une autre maison d'éducation. Bien que les Directrices eussent entre elles les meilleures relations de bonne confraternité, il régnait, entre les élèves des deux établissements, une sorte de rivalité.

Mesdemoiselles Wanham ne voulaient à aucun prix que l'on pût, de notre côté, donner prise à la critique en répondant par des airs hautains ou par un manque de prévenance à nos jeunes voisines qui affectaient parfois de nous regarder d'un œil protecteur. Cette petite morgue

(1) Mme Swetchine.

qui n'avait guère sa raison d'être, et dont plusieurs ont certainement souri elles-mêmes dans la suite, avait le don de nous exaspérer. Nos maîtresses eussent été désolées que l'on s'en aperçût.

Voisines par nos places à l'église, ainsi que nous l'étions par l'habitation, nous avions la même entrée à la Cathédrale et nous nous rencontrions souvent à la porte ou au bénitier. Que de fois nous a été faite la recommandation de nous montrer constamment attentives et polies et de ne nous faire remarquer et distinguer là, comme partout, autrement que par les témoignages d'une bonne éducation à toute épreuve.

Nous avons prononcé le nom des pauvres. Il y aurait tout un chapitre à consacrer au résumé des conseils que Mademoiselle Sidonie Wanham donnait à ses élèves sur la manière de faire l'aumône et d'exercer la charité. Lorsque nous la verrons à l'œuvre comme Dame de charité de son quartier, son exemple vaudra le meilleur sermon, le plus complet manuel de charité.

Sans avoir adopté la méthode d'enseignement mutuel, Mademoiselle Wanham désirait cependant initier très jeunes les enfants à transmettre à d'autres les leçons reçues. Dans chaque classe, on confiait une fillette aux soins d'une élève plus avancée qui devenait ainsi, pour plusieurs années quelquefois, une « petite mère. » La « petite mère » devait, au dortoir, s'occuper de « sa fille ; »

en classe, l'aider dans ses devoirs, les relire avant de les faire passer sous les yeux de la maîtresse ; en un mot, lui rendre les petits services d'une sœur aînée.

Les externes, entre elles, avaient la même mission et devaient être l'une pour l'autre de bonnes et obligeantes conseillères.

C'était habituer ces jeunes filles au rôle qui serait un jour le leur.

Des conseils éclairés, dès le début de leur carrière et, plus tard, les leçons de l'expérience avaient mis au cœur de nos institutrices une crainte extrême de tout ce qui pouvait jeter une ombre sur la pureté de leurs enfants, de de tout ce qui, sous leur toit ou dans le monde, aurait porté la plus légère atteinte à l'innocence de ces âmes qu'elles voulaient garder à Dieu.

La modestie dans la toilette, la réserve dans les paroles, un choix sévère dans les lectures, d'expresses recommandations de bonne tenue, le soin d'éviter de laisser les yeux s'égarer sur un objet choquant, image ou statue, tout cela préoccupait nos guides dévouées à tel point que, parfois, leur vigilance semblait être exagérée et, dépassant le but, éveiller une certaine curiosité dans ces esprits de petites filles. Mais ces Dames connaissaient à fond la jeunesse et savaient bien que si, pour certaines imaginations, mille choses eussent passé inaperçues et sans danger, pour d'autres, les précautions les plus minutieuses n'étaient que nécessaire prudence.

VI

Hygiène et récréations.

La maison, ainsi que nous l'avons dit, ne possédait pas de chapelle. On n'avait pas pu davantage y établir de salle de bains ni d'infirmerie indépendante.

L'emplacement de l'établissement, limité par trois rues et par une propriété particulière, ne se serait pas prêté à ce luxe sans y sacrifier la salubrité des classes et des dortoirs que l'on voulait vastes et bien aérés. On sait que, dans l'acquisition de l'immeuble, ces conditions exceptionnelles, au centre d'une grande ville, avaient pesé dans la balance et que la santé physique des enfants était l'une des préoccupations des jeunes maîtresses de pension. Une propreté rigoureuse, des soins hygiéniques bien entendus devaient assurer la sécurité des familles. Par petits détachements, les pensionnaires étaient conduites au bain dans un établissement très convenable, à proximité de la pension. Elles étaient aussi visitées de temps en temps par un dentiste. Et les récréations nous les font voir excitées au mouvement et à différents exercices corporels salutaires au développement de leurs forces.

L'infirmerie eût été superflue dans la maison. Les

maladies y étaient prévenues par une surveillance de tous les instants.

A la moindre altération de physionomie, au plus léger symptôme de malaise chez une enfant, le travail était suspendu ; les petits soins, qu'eût peut-être même négligés une mère, étaient donnés sans retard. Nos maîtresses avaient à leur disposition une quantité de moyens préventifs. L'élève un peu indisposée était séparée de ses compagnes et installée dans la chambre de Mademoiselle Léocadie dont le lit était entouré, comme celui d'une bonne mère de famille, de deux ou trois autres couchettes.

Mais, si le mal semblait être le début d'une affection un peu grave ou paraissant avoir le caractère d'une fièvre contagieuse, le médecin était mandé aussitôt et, d'après son diagnostic et l'avis qu'il donnait, la petite malade était conservée à la pension ou rendue à ses parents immédiatement prévenus. Mesdemoiselles Wanham sentaient assez le poids de la responsabilité qu'elles avaient acceptée pour user de tous les moyens d'en alléger le fardeau. Leur sollicitude, toujours en éveil, si touchante et si délicate dans ses manifestations, s'étendait aussi aux externes, soignées à l'égal des enfants dont elles avaient charge entière. Si une indisposition se déclarait aux heures de classe, on reconduisait à son domicile l'élève souffrante, indiquant les premiers soins donnés et ce que l'on croyait être utile pour les soins à venir. Tant que la malade ne reparaissait pas au cours, elle était visitée par sa maîtresse, et nous avons été maintes fois témoin de la maternelle inquiétude et des affectueuses attentions de nos chères institutrices.

A la pension la nourriture était simple, peu variée, mais abondante, saine et généralement bien préparée. Le jeudi et le dimanche on ajoutait une pâtisserie ou un petit entremets au menu quotidien, toujours le même, excepté les jours maigres. On ne se préoccupait pas des caprices ou des goûts particuliers des enfants. Sauf les cas de maladie, on ne se départissait pour aucune du règlement adopté. Les maîtresses mangeaient à la table des pensionnaires et partageaient leurs repas. De quoi celles-ci auraient-elles eu à se plaindre?... Nous avons vu que le dessert et le goûter dont on se privait en Carême, avaient une charitable destination ; il en était de même pour les reliefs de la table.

Mesdemoiselles Wanham n'auraient voulu en rien profiter pour leur compte des petites et inoffensives mortifications auxquelles elles encourageaient leurs élèves.

Depuis, je me suis quelquefois demandé comment ce désintéressement personnel, le bien-être que nos directrices voulaient autour d'elles, permettaient à un lourd budget de rester en équilibre constant avec des ressources que le prix modique de la pension faisaient relativement très restreintes.

Après chacun des repas avaient lieu les récréations. On mettait une heure d'intervalle entre le dîner et la reprise du travail. Après le premier déjeuner des pensionnaires et le goûter pris dans l'après-midi, on avait une demi-heure de repos. Les petites avaient, en plus, une courte trêve dans la matinée. Les externes se mêlaient à ces jeux de la journée.

Nous savons déjà en quoi ils consistaient pendant la belle saison, ou l'hiver aux jours de beau temps. L'hiver et lorsqu'il pleuvait, on se récréait dans une des salles d'études. On organisait quelques petits jeux pour les unes, les autres lisaient ou feuilletaient des albums mis à leur disposition.

Le jardinage était favorisé. On abandonnait à chaque pensionnaire un ou deux mètres carrés de terre, le long du mur du jardin. Là chacune avait le droit de bêcher, de semer, de cultiver, de récolter. La bonne Mademoiselle Léocadie qui aimait tant elle-même la culture des fleurs et des arbres fruitiers, encourageait ces naïfs essais et procurait aux petites jardinières des graines et des plantes. C'était pour les enfants une occasion de complaisances répétées, lorsqu'il fallait se céder réciproquement un instrument de jardinage ou faire échange de semences ou de boutures.

La bonne tenue de ce petit terrain qui ne devait pas rester en friche entretenait aussi les habitudes d'ordre.

En hiver, lorsque l'Octave des Morts était passée, il y avait, tous les quinze jours, le dimanche, une petite réunion musicale à laquelle les externes, pianistes ou chanteuses, étaient conviées. Les professeurs de musique du dehors y assistaient quelquefois. Chaque élève, même la plus novice, devait apporter à ce concert le contingent d'un morceau à la portée de son talent. C'était encourager l'étude, habituer les enfants à jouer de temps en temps devant quelques personnes et les tenir en haleine pour la *grande soirée* du Carnaval.

Cette grande soirée, l'une des distractions que nos maîtresses nous procuraient, faisait événement dans la vie du pensionnat. On en parlait longtemps à l'avance, et les jours qui précédaient, il régnait une agitation inaccoutumée parmi les jeunes filles et un peu d'anxiété parmi celles qui auraient à y jouer un rôle.

Mères, sœurs et amies étaient invitées à cette fête. Pour ce jour-là, les grandes toilettes étaient arborées. On permettait la robe légère, la soie et même quelques ornements dans la coiffure ! Les *grandes* aidaient ces Dames—ainsi que nous appelions Mesdemoiselles Wanham — à faire les honneurs du salon, à placer les invitées, à veiller au passage des rafraîchissements. Il y en avait, dans le nombre, qui se révélaient déjà de véritables petites maîtresses de maison.

Le concert enfantin terminé, on dansait ; et, bien que

l'élément masculin fût rigoureusement banni, la danse épanouissait tous les jeunes visages. Et, quand les dernières bougies s'éteignaient, nulle n'avait songé que, depuis longtemps, chaque soir, avait sonné l'heure du sommeil.

Il y avait aussi d'autres fêtes dans l'intimité du pensionnat : C'était l'Arbre de Noël dont quelques élèves alsaciennes avaient introduit la touchante coutume. Il s'allumait au chant des vieux Noëls lorrains. C'était la loterie pour les pauvres. C'était une petite représentation théâtrale, le mardi-gras ou à la fête du pensionnat : la Sainte-Anne. C'était, les jeudis d'été, de longues promenades à la campagne dont le but se trouvait tout indiqué par de gracieuses invitations de parents et d'amis des élèves ou de Mesdemoiselles Wanham. Plus tard, nos institutrices aimaient à se rappeler les petits incidents de ces excursions dont elles n'avaient jamais redouté pour elles-mêmes la fatigue.

Ce qui faisait surtout époque dans notre vie, c'était la visite de Mgr l'Evêque de Nancy.

Lorsque Mesdemoiselles Wanham étaient arrivées dans la capitale lorraine, elles avaient été recommandées à Sa Grandeur, Mgr Menjaud, par M. l'Abbé Delalle, vicaire général, ancien curé de Toul (1). Monseigneur avait aussitôt témoigné un bienveillant intérêt aux nouvelles

(1) Depuis, évêque de Rodez.

venues et avait soutenu la fondation ou plutôt le rajeunissement de leur institution de l'appui de sa haute protection. Chaque année, accompagné d'un des grands vicaires et de quelques ecclésiastiques, il voulait bien passer une heure ou deux au milieu des enfants charmées de sa bonté, de la bonne grâce avec laquelle il écoutait et leurs naïves récitations et le compliment d'usage. Il y répondait par un aimable remerciement et distribuait, avec sa bénédiction, d'efficaces conseils. En retour de cette visite, les maîtresses et les élèves se rendaient à l'Evêché, la veille de Saint Alexis, patron de Monseigneur.

En bon père, en parfait homme du monde, il agréait nos vœux et notre bouquet, demandait pour nous cette après midi de congé et ouvrait à toute la bande réjouie les portes du jardin de l'évêché qui domine, dans toute sa longueur, la magnifique terrasse de la Pépinière.

Cet accueil exceptionnel, les visites de Mgr Menjaud au pensionnat Wanham, les démarches qu'il fit quelquefois en se rendant à l'appel de notre chère Directrice, au chevet de malades qu'il bénissait et exhortait dans leurs souffrances, tout cela dit assez à quel point le premier pasteur du diocèse appréciait et la valeur personnelle de Mesdemoiselles Wanham, et celle de leur enseignement.

Ce fut pour ces Dames un coup sensible que le départ de Mgr Menjaud, grand aumônier de l'Empereur (1), appelé à l'Archevêché de Bourges. Ses successeurs au

(1) En 1859. — Mgr Menjaud mourut à Bourges en 1862.

trône épiscopal de Nancy honorèrent aussi nos maîtresses de leur bienveillance, mais sans jamais leur faire oublier ce que, au début de leur carrière, le nouvel archevêque avait été pour elles.

Une récompense, sinon une récréation, était la visite des pauvres et de certains établissements de bienfaisance, entre autres de la maison des Petites Sœurs des Pauvres où l'on transporta même, une fois ou deux, le petit théâtre de la pension, à la grande joie des pauvres vieillards enchantés de cette représentation et de l'extra qui la suivait. A ce lunch d'un nouveau genre, les plus sages des pensionnaires se faisaient les servantes des « bons petits vieux, » ainsi que les nomment leurs admirables Sœurs.

A la fin de l'année scolaire avait lieu la distribution des prix décernés avec une stricte équité. Ils étaient basés sur le travail de l'année, sur la révision des bulletins trimestriels, bien plus que sur des concours et des examens aux résultats souvent douteux ou faussés.

Il arrivait quelquefois que, dans une matière ou dans une autre, on n'eût pas, dans tout un cours, mérité de premier prix, le travail le meilleur n'était récompensé que par un second ou même un troisième prix ; d'autres fois, plusieurs élèves, ayant également travaillé et réussi, étaient classées *ex æquo* et recevaient toutes la mention d'un premier prix.

Le prix d'honneur était décerné à la majorité des voix des élèves et des maîtresses réunies. Il était, cela va sans dire, ambitionné, souvent disputé. Quelle joie de rapporter dans la famille, « la rose, » ce blanc trophée d'un pacifique triomphe ! Celles qui, après l'heureuse élue, avaient obtenu le plus de suffrages ou qui, sans être nommées, en auraient cependant mérité quelques-uns, recevaient aussi, avec une mention spéciale, une fleur blanche, une pâquerette, éclose sous les doigts habiles de notre maîtresse d'ouvrage.

La distribution n'avait pas l'éclat d'une solennité publique. C'était une fête tout intime empreinte d'une sorte de gravité. Elle était chaque année attristée par des adieux qui, malgré les promesses échangées, étaient souvent sans revoirs !

Des séparations, des succès, des mécomptes, du retour dans la famille, Mademoiselle Anne-Sidonie prenait texte à un discours longuement médité et rédigé avec autant de soin que s'il était destiné à être prononcé devant une docte académie. C'était le résumé bref, la synthèse de l'enseignement moral de toute l'année.

En lisant cette dernière leçon, notre institutrice, si maîtresse d'elle-même quand elle professait en temps ordinaire, avait peine à dominer l'émotion poignante qui la saisissait à la pensée que beaucoup de ses enfants allaient, non seulement pour une courte absence, mais définitivement, échapper à sa tendresse, à l'influence de la doctrine qu'elle leur avait inculquée avec un dévouement sans mesure, pour être lancées dans la vie, se mouvoir dans la sphère nouvelle où les placerait la situation de leurs parents. Il y avait tant de regrets dans les adieux, tant d'affectueuse sagesse dans les conseils, tant de sollicitude pour l'avenir, que l'émotion nous gagnait toutes et que bien des larmes étaient versées, rosée salutaire qui aurait dû faire germer, croître et conduire à maturité la semence si généreusement jetée dans les esprits. Profonde chez certaines intelligences sérieuses, l'impression de cette heure fut bien souvent durable ; mais pour combien de folles têtes d'enfants n'eut-elle que le caractère de ces ondées passagères dont un léger coup de vent sèche aussitôt la trace.

En dehors des généralités, des leçons en commun et de ce discours final, Mademoiselle Wanham avait prodigué aux jeunes filles qui, ayant terminé leurs études, allaient quitter les bancs de l'école, des conseils spéciaux à leur position dans le monde, leur avait ébauché le plan d'un règlement de vie où l'oisiveté ne trouvait pas sa place, et donné un aperçu de l'emploi qu'elles pourraient faire des sommes plus ou moins importantes mises entre leurs mains par les largesses de leurs parents ; elle leur avait parlé de l'arrangement de leur chambre de jeune fille dont l'un des principaux ornements, la bibliothèque, ne contiendrait que des livres de choix dont elle avait établi la liste. Que d'auteurs, même classiques, étaient éliminés en tout ou en partie de ce petit catalogue marqué au coin de la plus prudente circonspection !

Les avis donnés pour les rapports avec les parents et les amis, pour les relations et les plaisirs mondains, étaient renouvelés et appuyés toujours sur l'autorité des commandements divins.

Comme à la pension, il fallait que se sentît dans le monde le bien qui découle d'une éducation chrétienne.

Dans notre jeunesse, déjà si lointaine, on n'avait pas à redouter certains écueils qu'engendre aujourd'hui, en France, l'intrusion des mœurs anglaises et américaines. On ne connaissait des différents sports, pour la femme, que l'équitation, et encore cantonnée dans le milieu élégant et mondain. Pas de scating, pas de canotage, pas de tennis, moins encore de bicyclette, aucun de ces exercices qui rendent la femme indépendante et dont le moindre inconvénient est de détruire le charme de la réserve féminime et de faire des jeunes filles de notre époque, — des jeunes femmes aussi, malheureusement, — non plus des épouses et des sœurs respectées, mais des *camarades* et des *bons garçons*.

Oh ! Mademoiselle Sidonie, avec quelle inquiétude vous auriez crié : Gare !

VII.

Les vacances.

Les deuils. — Dernières années.

Ce sont les vacances !...

S'il y a de la joie dans ce mot pour les enfants qui vont retrouver la maison paternelle, les réunions de famille, les caresses d'une mère, il y a pour l'institutrice des regrets et de l'anxiété. Qui lui reviendra ?... Quel sera l'avenir de celles qui ont à jamais quitté l'abri protecteur du pensionnat ?... La part de bonheur que Dieu lui réserve en ce monde compensera-t-elle pour toutes la somme des douleurs ? (1) Les leçons reçues porteront-elles leur fruit ?.. Quels caractères nouveaux aura-t-elle à étudier, à former ou à modifier ?... Ces préoccupations n'abandonnent pas le cœur de nos maîtresses, et le repos de quelques semaines qu'elles s'accordent chaque année en est souvent troublé.

Lorsque les dernières petites pensionnaires ont franchi le seuil de la pension, lorsque les voitures qui les emportent se sont éloignées dans des directions diverses, lorsque

(1) Mademoiselle Wanham en mère un peu jalouse, redoutait le mariage pour ses élèves. « Quand mes *filles* sont mariées, écrivait-elle un jour, j'ai peur de mes *gendres*. » On comprend en quel sens.

la paisible rue des Chanoines est rentrée dans le calme et ne retentit plus du bruit et des rires qui, des deux pensionnats, se répercutaient à certaines heures dans tout le voisinage, le silence et le vide règnent dans la maison de Mesdemoiselles Wanham où, seule avec ses deux fidèles domestiques (1), Mademoiselle Léocadie est restée, gardienne dévouée, pour remettre l'ordre, faire assainir les dortoirs et les classes, s'occuper des réparations urgentes, et disposer toutes choses en prévision de la rentrée et des besoins de l'hiver.

Quand elle verra que rien ne manque, l'une de ses sœurs la relèvera de faction, et, à son tour, elle retrouvera avec bonheur son cher Toul, auquel elle n'a cessé de penser et surtout, plus chers encore, ses affections et ses souvenirs d'enfance. C'est généralement notre directrice, Mademoiselle Anne-Sidonie, qui reprend son poste à Nancy où, tout en préparant ses cours de l'année, elle se tient à la disposition des parents qui veulent lui confier leurs filles, ou qui ont quelques renseignements à lui demander.

Ainsi, le séjour de la sœur aînée auprès de leur mère coïncide avec le moment des vendanges dans les vignobles du Toulois, et son activité trouve là encore un aliment.

J'ai entendu plusieurs fois cette phrase dans la bouche de cette femme si oublieuse d'elle-même : « Le repos, je ne le trouverai qu'au Ciel ! »

(1) Julie et Annette.

En 1848, Mesdemoiselles Wanham étaient en deuil de leur père. C'est dire que la mort de celui-ci avait suivi de près le départ de ses trois filles. Mais Madame Wanham, sa sœur et leur aimable compagne, Caroline-Marie, n'avaient pas songé alors à quitter leur maison, leurs relations d'amis et leur petite industrie. Le modeste foyer de la rue Michâtel à Toul sera donc, pendant plusieurs années encore, le point unique vers lequel convergeront tous les projets des absentes. Malheureusement, la réunion n'y sera jamais complète. On se consolera par une correspondance suivie. De Nancy, Mesdemoiselles Wanham enverront à la famille un journal écrit aux heures de loisir. Une raison d'économie ne permet pas l'envoi quotidien des volumineuses missives ; elles seront de temps en temps confiées à l'obligeance d'amis en communications fréquentes avec Toul. C'est un intérêt très grand dans la vie retirée de ces Dames que cet échange de pensées de tous les instants ! Mesdames Wanham connaîtront par le menu les faits et gestes des chères Nancéennes, elles en sauront les satisfactions et les déboires, et aucune des élèves ne sera pour elles une inconnue.

Alors, les allées et venues de ville à ville n'étaient ni accessibles à toutes les bourses, ni répétées comme elles le sont aujourd'hui. Le chemin de fer, de récente inauguration en Lorraine, n'avait pas vulgarisé les voyages et ce moyen de transport causait une sorte de terreur à quelques personnes qui gardaient le souvenir, vivant encore, des catastrophes du début. Mesdemoiselles Wanham partageaient cette impression—pour ne pas dire cette faiblesse—qui s'atténua dans la suite. Aussi était-ce pour elles une joie véritable quand, un jour de congé, elles trouvaient l'occasion enviée d'une ou deux places dans une voiture particulière. C'était fête pour les visitées autant que pour la visiteuse, et la satisfaction surtout était double quand les excellentes femmes pouvaient, en même temps, recevoir une des jeunes filles de Nancy pour lesquelles elles avaient des sentiments d'aïeules.

Il y avait fierté à faire parcourir la ville dont les rues tortueuses, aux noms un peu bizarres, disaient la haute antiquité.

Les vieux hôtels, clos et sévères, parlaient du passé, de ce temps où la ville de Toul, siège épiscopal de l'un des Trois-Evêchés acquis à la France en 1552, était peuplée de religieux et de chanoines.

La Cathédrale, l'un des plus beaux monuments d'architecture gothique que possède la Lorraine et que l'Etat entretient comme monument historique (1), était montrée dans tous ses détails à la jeune invitée conduite aussi à l'église de saint Gengoult, dépendant autrefois de l'antique abbaye du même nom et dont le cloître, à peu près de la

(1) Commencée en 965 par Gérard, évêque de Toul, elle ne fut terminée que vers l'an 1496.

même époque que la Cathédrale, est bien conservé, très curieux et offre un grand intérêt aux archéologues.

La promenade des remparts et de la belle prairie baignée par la Moselle où se tenaient les foires, était aussi dans le programme, si la durée du séjour le permettait. Puis, tout vu, tout admiré, on rentrait au logis où l'on retrouvait accueil affectueux et réconfortant.

Pour Mesdames Wanham, il y avait toujours une tristesse dans l'adieu. Pour nous qui avons été quelquefois leur hôte d'un jour, ces excursions à Toul, cette charmante hospitalité, restent un de nos bons souvenirs d'enfance.

Plus tard, lorsque toute la famille fut réunie à Nancy, Toul ne fut plus que, de loin en loin, le but des vacances de Mesdemoiselles Wanham. Les quelques jours de repos physique et de détente morale dont elles avaient grand besoin après les labeurs de l'année, elles les passaient, soit à la campagne chez d'anciennes élèves, soit dans l'une des petites stations balnéaires des Vosges.

Au couvent des Dames Bénédictines de Flavigny-sur-Moselle, Mademoiselle Anne-Sidonie fit quelques séjours, et, jusqu'à ses dernières années, elle garda fidèlement la mémoire de l'accueil qui lui était fait par toute la Communauté et tout particulièrement par la digne et sainte Abbesse, la Mère Sainte Marie, devenue pour elle une véritable amie.

Le temps avait marché. En s'accumulant, les années

avaient fait leur œuvre ; et, si les infirmités n'accablaient pas encore la mère de famille, elles se pouvaient prévoir. La culture des vignobles de Toul exigeait une surveillance que deux femmes âgées n'étaient plus de force à exercer. Il y avait un temps d'arrêt dans l'industrie lorraine des broderies sur mousseline et sur tulle.

En somme, le moment de la retraite approchait, et Mesdemoiselles Wanbam caressaient la pensée de transporter à Nancy le foyer maternel.

Elles firent élever d'un étage le bâtiment des cuisines et, là, elles organisèrent avec des minuties toutes filiales un petit appartement où leur mère, leur tante et leur sœur Caroline vivraient commodément, indépendantes, mais sous le même toit.

Quand tout fut disposé pour les recevoir, quand leur situation à Toul fut liquidée, Madame Wanham et Mademoiselle Dobret acceptèrent courageusement le sacrifice de quitter leurs amis, les habitudes de toute leur vie, pour s'installer dans la maison de la rue des Chanoines.

Hélas ! la satisfaction de se retrouver toutes ensemble ne dura que peu d'années.

La maladie entra au logis sous des formes diverses et très douloureuses. Ce fut Mademoiselle Charlotte Dobret qui, en 1868, en fut la première victime ; elle avait soixante-seize ans.

Ce deuil fut, quelques mois après, en février 1869, suivi

de la mort de Madame Wanham, plus âgée de deux ans que sa sœur et déjà fort malade lorsque celle-ci mourut.

Ces deux séparations si rapprochées mirent au cœur de Mesdemoiselles Wanham une tristesse profonde que, seules, une foi inébranlable, une piété à toute épreuve les aidèrent à surmonter. Il fallait savoir rester fermes devant les enfants auxquelles on prêchait la résignation à la volonté de Dieu, se montrer confiantes dans les promesses de la vie éternelle, et, si l'on pleurait, « ce ne devait pas être comme ceux qui n'ont pas d'espérance (1). » Il était du reste dans les devoirs des institutrices de refouler les larmes et de sourire, malgré le brisement du cœur, pour éviter d'attrister l'enfance qui a besoin pour s'épanouir de gaîté et de vie.

Par devoir donc, par un acte de vertu qui va s'ajouter à tant d'autres dont le secret ne nous sera jamais révélé, elles essuieront leurs larmes et reprendront leur tâche.

Le coup fut bien cruel pour la pauvre Caroline-Marie qui, jamais, n'avait été séparée de sa mère. La fatigue des soins qu'elle lui avait si tendrement et si longtemps prodigués, le vide qu'elle éprouva lorsque tout fut terminé, altérèrent sa santé qui ne se remit pas complètement. Cependant elle ne voulut pas non plus s'abandonner au découragement. Elle redescendit avec ses sœurs et tint à

(1) Saint Paul.

les seconder dans les occupations dont elles commençaient à trouver le fardeau plus pesant. Elle les aida pour la surveillance des études et des récréations et en tout ce que ses forces lui permettaient d'accomplir. Ce fut à son immense chagrin une diversion salutaire.

A partir de ce moment, Mesdemoiselles Wanham, pour lesquelles tant d'années avaient compté double, se sentant vieillir, entrevoyant d'inévitables infirmités, en vinrent à envisager la nécessité de modifier leur genre de vie.

Trancher la question tout d'un coup et annoncer leur retraite pour la prochaine rentrée des classes fut leur première pensée. Mais plusieurs mères de famille firent appel à leur dévouement et obtinrent l'ajournement d'une résolution définitive, qui, du reste, ne pouvait se prendre sans en peser sérieusement l'opportunité.

Tout naturellement, elles avaient songé à céder leur pensionnat. Mais une congrégation religieuse enseignante ne pouvait trouver place dans la maison trop petite. Une institution laïque seule, telle que la leur, y aurait été à l'aise. Trouver comme successeur une personne à la fois solvable, instruite et partageant les sentiments de haute piété de nos institutrices n'était pas chose facile. Elles pressentaient — et leurs prévisions devaient trop et trop tôt se réaliser — que le laïcisme serait un jour complice de la neutralité religieuse de l'école et que, de cette pente de la neutralité, on glisserait fatalement vers l'abîme du manque absolu de croyances.

Une des dernières collaboratrices de Mesdemoiselles Wanham, jeune sous-maîtresse qui avait passé ses examens au pensionnat, y était demeurée et méritait la confiance et l'amitié des directrices. C'était une personne remplie de qualités, de vertus, de talents, mais à qui faisaient défaut les auxiliaires qui eussent mis la jeune fille en mesure de reprendre la direction de la maison. Elle se maria. Et longtemps après, Mademoiselle Anne-Sidonie exprimait encore son regret de n'avoir pas eu pour successeur cette femme de mérite, enlevée à la fleur de l'âge à son mari et à ses enfants.

Redoutant donc de voir leur nom servir d'enseigne à un établissement où pourraient, tôt ou tard, s'infiltrer des doctrines en opposition avec celles qu'elles y avaient si complètement et si fermement soutenues, ces Dames avaient bientôt renoncé à tout projet de cession.

La rentrée s'effectua pour l'année scolaire 1868-1869, mais avec un nombre plus restreint d'élèves, de pensionnaires surtout, Mesdemoiselles Wanham ne voulant conserver que les enfants dont la famille tenait essentiellement pour leurs filles à la tutelle des vieilles et aimées institutrices. On ne remplacerait pas les partantes et la liquidation se ferait ainsi sans secousse.

Cependant le revenu de l'immeuble était nécessaire aux

quatre sœurs qui, s'étant toujours contentées de rémunérations modestes, ne s'étaient pas enrichies. Elles firent donc subir à leur chère maison une transformation qui la rendrait propre dans l'avenir à recevoir quelques locataires de choix, se réservant, pour leur habitation personnelle, le rez-de-chaussée de l'aile où étaient les classes, le salon et la chambre de deux d'entre elles.

Naturellement, des aménagements divers durent être faits pour cette nouvelle destination, mais malgré cela les maîtresses n'abandonneraient pas la place qui avait été si longtemps la leur.

Les événements de 1870 surprirent ces Dames au milieu de multiples travaux, alors que le calme semblait renaître en leurs âmes.

Quoique diversement racontés, ces événements sont trop connus, ils ont été, hélas ! trop justement jugés, trop douloureusement sentis, pour que nous en rappelions ici la tragique histoire !

Pourtant nous ne pouvons les passer tout à fait sous silence, à cause de leur influence sur les décisions et sur les années déclinantes de nos vénérées maîtresses qui, Lorraines de naissance, sincèrement attachées à la patrie française, souffrirent plus que personne des désastres dont fut affligé notre malheureux pays.

Les vacances approchaient. Mesdemoiselles Wanham, à juste titre effrayées à la pensée que, après nos premières défaites, Nancy, ville ouverte, presque ville frontière, serait envahie avant d'autres, rendirent à leurs familles les élèves pensionnaires. Il y en eut quelques-unes cependant que la rupture des communications les força de garder sous leur toit.

La correspondance aussi devint très difficile avec le dehors, à moins de profiter d'occasions sûres et rares. Même dans ces conditions, il fallait agir avec une extrême prudence et ne rien confier au papier des impressions nées des circonstances, dans la crainte de compromettre le porteur vis-à-vis d'un ennemi soupçonneux, sans cesse à l'affût de tout ce qui, pour lui, était matière à représailles. Quant aux lettres transportées par la *poste de campagne allemande*, elles étaient forcément banales et se bornaient à quelques mots rassurants pour les amis éloignés et inquiets.

Nous habitions alors un département envahi comme la Meurthe presqu'au début de la guerre. Nous ne pûmes donc échanger que, de loin en loin, avec nos institutrices quelques-uns de ces billets, très sobres de détails et de confidences, que nous avons précieusement conservés. En dépit de leur laconisme et des lacunes qu'ils laissent subsister, ils nous montrent Mesdemoiselles Wanham courageuses envers et contre tout. Malgré les aspirations très prononcées de la bonne Mademoiselle Léocadie à « goûter enfin un peu de retraite dans sa chambre, » elles durent se faire les hôtesses de l'ennemi et, pour ces hôtes nouveaux, se mettre en frais d'activité, regrettant de tout cœur ce singulier échange.

Et Mademoiselle Sidonie, sentant dans sa conscience le besoin criant de prendre sa petite part des malheurs publics, se faisait autoriser à visiter une ambulance de soldats français mutilés et malheureux de toutes façons. Avec quel cœur elle déplorait les insuffisants effets de sa charité sur ces pauvres soldats auxquels manquaient tant de soins matériels et de réconfortantes consolations !

En même temps, dans un coin de sa maison, elle donnait l'hospitalité à un jeune abbé qui n'avait pu rentrer au séminaire transformé en ambulance.

Ces œuvres charitables n'avaient pas empêché Mademoiselle Wanham d'adjoindre encore, en novembre, quelques élèves à celles qui lui étaient restées. Ce n'était, comme elle le disait elle-même, que la tâche d'une mère de famille un peu chargée, tâche absorbante toutefois et qui laissait peu de prise aux douloureuses méditations. Et cependant comme elles pleuraient, ces nobles femmes, sur la France amoindrie, sur ces nouvelles cartes de géographie qu'elles avaient désormais à placer sous les yeux de leurs élèves et où leurs chères provinces d'Alsace et de Lorraine ne faisaient plus, à notre frontière de l'Est, qu'une tache noire et lugubre ! Comme elles pleuraient !... Et comme elles priaient pour notre pays « digne, tout au plus, de l'honneur de mériter les châtiments de Dieu », pour notre pays dont elles ne pourraient plus parler comme de la nation invincible et qui perdait de jour en jour le droit traditionnel d'être appelé la France très chrétienne, la fille aînée de l'Eglise !...

Et, tandis que nos armées étaient battues, tandis que nos places fortes, et jusqu'à la capitale, étaient forcées de se rendre au vainqueur, tandis qu'un onéreux traité nous donnait la paix au prix de cinq milliards et de deux provinces, la maison Wanham redevenait agréable et reposante sous le prestige du printemps. La vie avait repris son cours. Mais, calme en apparence, elle laissait au cœur des amertumes pour les uns, des espérances pour d'autres.

L'enfance de Mesdemoiselles Wanham s'était passée sous la Restauration, dans un milieu légitimiste. Plus tard, leurs relations de professeurs avec certains membres de la haute aristocratie avaient affermi en elles les tendances monarchiques. Certes, elles ne niaient pas les gloires de l'Empire, elles n'en rabaissaient pas les héros ; mais leurs préférences ne laissaient pas que d'être assez transparentes et, malgré le soin qu'elles avaient toujours mis à ne rien dire qui fût hostile au gouvernement établi et dont les revers venaient d'entraîner la chute, on sentait que la balance de leurs opinions ne penchait pas de ce côté. Quelles qu'aient été ces opinions, nos maîtresses ne furent pas, nous venons de le voir, du nombre de ceux qui, marchant à pieds joints sur le plus élémentaire patriotisme, ont salué d'un triomphant espoir nos plus dures capitulations, la révolution en face de l'ennemi vainqueur, l'effondrement d'une dynastie laissant le terrain libre à toutes les compétitions, à toutes les revendications. Hommes, elles eussent bien plutôt grossi la phalange de tant de valeureux représentants de la vieille noblesse française qui, jeunes et vieux, en ces jours de péril pour la patrie, faisant abstraction d'idées et de tendances, mirent au service de leur pays leur épée et leur vie. Ce qui précède nous a montré comment, réduites à leur impuissance de femmes, Mesdemoiselles Wanham s'étaient associées à nos malheurs publics et y avaient payé leur tribut.

Au deuil du pays tout entier s'étaient ajoutés, chaque jour et pour chacun, des malheurs particuliers.

De tristes courriers étaient arrivés aux habitantes de la rue des Chanoines.

Les champs de bataille n'avaient pas été seuls témoins de souffrances et de larmes. Il y avait eu des contrées ruinées, des demeures saccagées, de cruelles maladies, conséquence de la proximité des ambulances, des émotions et des privations de tout genre ! Elles apprirent ainsi la mort d'amis et d'élèves bien chères....

Et tout n'était pas fini !.... Un deuil encore vint les frapper dans leur confiante sécurité et dans leurs tendresses de mères.

Avec l'invasion, une épidémie de typhus s'était abattue sur Nancy. Dans le pensionnat presque désert, nous avons dit qu'il restait quelques enfants qui n'avaient pas pu être reconduites dans leur famille. L'une d'elles, orpheline de mère depuis quelques mois, fut, en mai 1871, atteinte de ce mal qui pardonnait si peu. Tout fut tenté pour arracher à la mort cette jeune fille de seize ans, la consolation de son père. Mais, ni les soins les plus intelligents et les plus dévoués, ni les plus ferventes prières ne triomphèrent du terrible fléau, et, le cœur brisé, la malheureuse Anne-Sidonie dut fermer les yeux de l'enfant chérie qui lui avait été confiée toute petite, la première qui, en tant d'années, s'éteignait sous son toit. Elle eut le pénible devoir de prévenir le père doublement éprouvé. Des lettres touchantes prouvent combien peu celui-ci songeait à rendre responsables de son malheur les femmes qui avaient élevé ses deux filles, et dont il connaissait de longue date la vigilance, le dévouement et surtout le cœur! Des phrases d'une infinie reconnaissance tombèrent de sa plume sur des pages trempées de larmes. Il se faisait le consolateur des pauvres institutrices; mais le baume qu'il versa sur leur plaie ne la cicatrisa pas tout entière.

Les sœurs désolées se dissimulaient réciproquement leurs immenses regrets!.....

Ce fut le coup de grâce, le signal décisif de la retraite. Mesdemoiselles Wanham ne conservèrent plus que peu de mois — le temps de compléter des études commencées — les dernières pensionnaires qu'elles abritaient.

Elles s'installèrent dans l'appartement qu'elles s'étaient réservé et se tenaient le plus volontiers dans leur salle à manger à laquelle, pour ne pas rompre entièrement avec le passé, elles avaient à peu près laissé l'aspect de la classe dont cette pièce occupait l'emplacement.

Devant leurs pupitres conservés, les maîtresses ne demeurèrent pas oisives. Déchargées de leur lourde tâche, d'une responsabilité dont elles avaient souffert, elles se livrèrent alors chacune aux occupations de son choix. Les petits ouvrages de fantaisie, la broderie pour de superbes ornements d'église, le travail pour les pauvres retrouvèrent leurs heures. L'entretien de la maison et du jardin ne fut pas négligé ; et, dans sa correspondance avec ses anciennes élèves, avec des jeunes filles qui se destinaient à l'enseignement, dans des pages dédiées aux institutrices, aux mères et à l'enfance, dans des leçons particulières, Mademoiselle Anne-Sidonie continuait, ainsi qu'elle le disait, les leçons de l'école.

Avant de parler des livres que Mademoiselle Wanham a publiés dans les dernières années de sa vie, avant de l'admirer dans toutes les bonnes œuvres auxquelles elle s'est associée ou dont elle a été la fondatrice et la conseillère autorisée, suivons d'un cœur attristé nos chères institutrices dans leur retraite et jusqu'à la tombe.

De ce moment de la retraite à l'année 1884, rien ne troubla la douce vie qu'elles s'étaient arrangée, paisible et réglée dans tous ses instants comme elle l'eût été dans un couvent. A les entendre s'appeler « ma sœur » l'illusion se faisait presque. Cependant, elles ne renonçaient pas aux distractions que pouvaient leur procurer de petits voyages dont l'époque n'était plus forcément subordonnée aux vacances et dont la durée se prolongeait à leur gré. Elles passèrent ainsi de bonnes heures encore, malgré la mélancolie des souvenirs. Que d'amis elles avaient qui étaient heureux de leur prouver, par un cordial accueil, leur affection, leur reconnaissance et leur profonde estime! Que d'autres ont regretté l'éloignement qui mettait entrave aux mêmes témoignages !

C'était aussi une fête pour les quatre sœurs de recevoir chez elles d'anciennes élèves de passage à Nancy et, pour celles-ci, quelle douceur de se retrouver sous ce toit, d'y être accueillies comme des filles et de retrouver, comme en un renouveau, les impressions de jeunesse, avec l'hospitalité du pensionnat et les précieux conseils de ces vénérées amies qu'elles se plaisaient à nommer toujours leurs maîtresses !

Mais une grande douleur était réservée à Mesdemoiselles Wanham pour cette année 1884.

Caroline-Marie, dont la santé délicate avait subi une si funeste atteinte à la mort de sa tante et de sa mère, donna de nouveau de sérieuses inquiétudes. Sans maladie bien caractérisée, ses forces l'abandonnèrent. De plus en plus elle s'effaçait devant la personnalité de ses sœurs. On nous écrivait alors de Nancy : « Quant à Mademoiselle Caroline, « elle s'amoindrit chaque jour, glisse semblable à une « ombre, elle doit souffrir, mais sans jamais se plain- « dre. ».

A notre dernière visite à Nancy, nous avions été très frappée de cet affaiblissement.

Pieuse comme une sainte, doucement elle s'éteignit, le 2 août 1884, ayant passé « sa vie dans la prière et les humbles dévouements (1). » Ses aînées la pleurèrent à la fois comme une chère compagne et à l'égal d'une fille bien bien-aimée. S'il y eut pour elles encore dans la vie quelques heures d'un répit et d'un calme apparents, au fond, leur cœur brisé ne se consola pas ; et chacune fit appel à tous ses sentiments de foi et d'espérance pour se résigner et pour éviter d'augmenter de sa douleur l'affliction des deux autres.

Elles se sentaient vieillir et tremblaient à l'idée de nouveaux deuils et de nouvelles séparations.

Et pourtant, elles ne délaissèrent en rien leurs habitudes de travail et les œuvres qui donnaient un si grand intérêt à leur existence et qui accumulaient la somme des

(1) Paroles de son Mémento.

mérites qu'elles auraient à placer au dernier jour dans la balance de la justice divine.

Une myopie naturelle s'accentuait chez Mademoiselle Anne-Sidonie et devenait pour elle une gêne de tous les instants. Elle voulut jusqu'à la fin mettre au service de Dieu sa vue qui menaçait de s'éteindre ; son dernier ouvrage de broderie fut une aube. Toute fière de ce travail, malgré sa modestie, elle nous écrivait combien elle était heureuse d'avoir mené son entreprise à bien.

Puis, à son grand regret, elle dut renoncer à la broderie, et occuper ses doigts à de simples ouvrages de tricot.

Cependant elle tenait encore la plume. Ainsi que l'aiguille, activement tirée pour Dieu et pour les pauvres, la plume fut pour elle un instrument exclusivement employé au bien et ne lui servit que pour la grande cause de Dieu dans l'éducation chrétienne de l'enfance. Il vint un temps où elle dut prendre comme secrétaire une jeune fille dont elle s'était longtemps occupée. Elle lui dicta ses dernières œuvres. Ses yeux, fatigués par le travail et les veilles, s'obscurcissaient tout à fait et, dans sa correspondance de plus en plus rare, nous avions constaté avec peine les progrès d'un mal que les oculistes consultés déclaraient incurable.

A la suite d'une émotion violente dont elle ne voulut pas parler à ses sœurs, Mademoiselle Louisa subit les premiers assauts d'une étrange maladie nerveuse. Et, à la même époque, un mal, dont l'hérédité pouvait faire redouter une funeste issue, causa de cruelles inquiétudes pour la vie de notre bonne Mademoiselle Léocadie. Grâce à des soins continus et intelligents, ce mal, sans doute moins grave qu'on ne l'avait craint tout d'abord, s'atténua sans disparaître entièrement. Ce fut elle pourtant qui se dévoua à ses sœurs, qui prévit tout autour d'elle et, avec l'aide d'une religieuse garde-malade, soigna jour et nuit sa chère Louisa jusqu'au moment suprême où Dieu, mettant un terme à d'affreuses souffrances courageusement endurées, rappela à Lui, le 16 juin 1892, l'âme de la pauvre martyre et rendit le calme à son corps agité depuis plus de quatre années par de douloureuses secousses.

Dix-huit mois plus tard, en janvier 1894, ce fut Mademoiselle Léocadie qui mourut à l'âge de quatre-vingt-trois ans, ayant conservé la plénitude de ses facultés et toutes les délicates tendresses d'un cœur qui n'avait pas vieilli. On peut alors facilement se rendre compte de ce qu'avaient été pour elle les tristesses de ces derniers mois.

La menace constante du retour de son mal, des douleurs névralgiques dont les accès se rapprochaient, de continuelles inquiétudes pour la santé de sa sœur Sidonie dont la cécité était devenue presque complète, minaient sourdement sa résistante nature. Elle ne savait que craindre le plus, ou du chagrin de survivre à cette sœur bien-aimée, ou de la pensée de la laisser seule après elle, privée de ses soins dévoués, appréciés avec tant de reconnaissante amitié. Mais, comme toujours, elle fit cet acte d'abandon parfait à la volonté de Dieu qui, suivant la parole de Bossuet « ne laisse en peine de rien... » et qui, « comportant toutes les vertus de la contrition », lui a certainement ouvert le lieu de la récompense et de ce repos bienheureux après lequel elle avait soupiré vainement pendant la vie.

Lorsqu'elle expira, on croyait que Mademoiselle Anne-Sidonie la suivrait de quelques heures seulement dans la mort et que ces sœurs qui ne s'étaient jamais quittées, qui avait accompli en commun leur tâche, se soutenant réciproquement dans l'épreuve, jouissant des mêmes consolations et des mêmes espérances, prendraient ensemble le chemin du cimetière... Il n'en fut rien... La cloche qui sonnait l'agonie de la malade dut arrêter ses glas... Il y eut un ressaut de vie. Alors quel douloureux réveil ! quel vide et quel poignant chagrin! si poignant que Dieu en eut pitié....... Quelques semaines plus tard, Anne-Sidonie Wanham fut frappée d'une congestion cérébrale qui paraissait l'avant-coureur d'une fin très prochaine. Elle se releva cependant cette fois encore ; mais un voile obscur, comme celui qui lui dérobait la lumière, s'étendit entre sa mémoire, si vive jusque-là, et la consommation de ses récents malheurs.

Par un phénomène qui se produit souvent chez les vieillards, le passé seul lui était présent. Les souvenirs en restaient si précis jusque dans leurs moindres détails qu'ils semblaient n'être plus des souvenirs, mais le fait de l'heure actuelle. A part ces anachronismes, la conversation n'avait rien perdu de sa finesse et de son esprit d'observation. Mademoiselle Wanham reconnaissait à la voix les personnes qu'elle n'avait pas vues depuis longtemps et dont les lointaines visites étaient à ses yeux des visites de la veille. Son infirmité—ne lui permettant pas de constater les ravages des années, les cheveux blanchis et les rides creusées—entretenait chez elle l'illusion. Elle croyait toujours éloignées pour l'une des mille obligations de la vie et prêtes au retour, ses sœurs à jamais disparues! Une bonne religieuse placée auprès d'elle se donnait tantôt pour l'une, tantôt pour l'autre des absentes, et les visiteurs fidèles, ceux qui étaient prévenus à l'avance de cet état bizarre, se faisaient les complices d'un si excusable mensonge. Le rôle était souvent difficile à soutenir. Nous laissons à penser ce qu'il y avait de pénible dans ces entrevues qui ne causaient à l'infirme qu'une joie éphémère, puisqu'elle n'en gardait pas même le souvenir. Si parfois, de loin en loin, un fugitif rayon illuminait ses yeux éteints ou rendait à sa mémoire obscurcie l'intuition de ses deuils, le vide lui apparaissait si grand, ses larmes coulaient si amères, si profondément tristes, que l'on en était à souhaiter presque que les ténèbres se fissent de nouveau, ce qui, du reste, ne tardait guère.

Il n'est pas rare, et cela n'a rien qui surprenne, de voir un père, une mère, arrivés aux limites de l'âge, entourés des soins dévoués, de la tendre affection de leurs enfants. Quels que soient les troubles de leur mémoire, quelles que soient les infirmités qui leur ôtent la conscience du bien qui leur est fait, ce dévouement, cette tendresse leur sont dus, et l'accomplissement de ce devoir porte en lui-même sa récompense..... et si, parfois, un merci reconnaissant s'échappe de leurs lèvres flétries, si une caresse, réminiscence du passé, répond à une caresse, il y a une exquise douceur à se sentir toujours pour ce père, pour cette mère, l'enfant d'autrefois, le cher petit enfant!

Mais pour une vieille fille qui survit à tous les siens, les dernières années sont souvent isolées et mornes! Les étrangers, ceux qui n'ont à attendre d'elle ni quelque charme dans le présent, ni un peu d'or dans l'avenir, ont bientôt fait le vide autour d'elle. Sent-elle son isolement, quelle tristesse! Ses facultés ont-elles baissé au point de lui ôter jusqu'à ce sentiment douloureux, la voilà à la merci du premier venu, dépendante en tout et de tous! A moins que la pitié, une haute vertu, ou le besoin de dévouement qui remplit certaines âmes, ne créent à la pauvre délaissée un entourage dont l'unique mobile est d'acquérir pour l'éternité un mérite de plus.

Mais Mademoiselle Wanham, par sa vocation, par sa mission si scrupuleusement accomplie, s'était faite mère et ne fut pas abandonnée. Parmi ses nombreux enfants d'adoption, il se trouva de vrais et fidèles amis, des filles au cœur reconnaissant et bon qui remplacèrent pour elle la famille éteinte.

Mademoiselle Wanham s'était attachée sincèrement au mari d'une de ses élèves préférées, enlevée bien jeune et qu'elle pleura toujours. Il avait été son conseil dans maintes circonstances. Ce fut lui qui prit en mains la gestion de la petite fortune de l'aveugle et qui s'appliqua, avec la plus grande délicatesse, à en maintenir le revenu, diminuant peu à peu comme tant d'autres, dans un équilibre constant avec le budget surchargé des dépenses que nécessitait la situation d'une malade. Surveillé chaque jour par une vigilante amie, l'emploi bien entendu des modestes ressources de Mademoiselle Wanham lui valut les soins et le bien-être qui, sans cette double intervention, auraient pu lui manquer et dont elle jouit jusqu'à la fin.

Nous devons taire le nom de ceux qui, si généreusement, si simplement, entourèrent la vieillesse de Mademoiselle Wanham, mais nous les admirons, et nous regrettons, avec beaucoup de nos anciennes compagnes, de n'avoir pu apporter à leur œuvre charitablement filiale que l'appoint de trop passagères attentions !

Ainsi, chancelante, épuisée par les fatigues et les cahots de la route, mais soutenue par ces deux fermes appuis, l'affection et le dévouement, l'institutrice franchit la dernière étape de ce voyage en ce monde où « elle avait passé en faisant le bien. » C'est le 11 janvier 1896, deux ans après la mort de Mademoiselle Léocadie, qu'une nouvelle attaque emporta vers Dieu l'âme de sa fidèle servante.

VIII

Anne-Sidonie Wanham, auteur.— Ses ouvrages. — Fondation de l'Œuvre des Institutrices. — Ses autres bonnes œuvres.

Mais, avant de fermer son cercueil, avant d'accompagner au cimetière ses restes vénérés, retrouvons encore une fois pleine de vie notre institutrice aimée. Il nous serait triste de clore cette imparfaite biographie sur le récit de ces deux dernières années. Il nous semblerait que ce soit un manque de respect à la mémoire de Mademoiselle Wanham que d'arrêter nos souvenirs à la constatation douloureuse de l'affaiblissement moral de cette femme dont l'intelligence fut si vive et le cœur si haut placé.

Nous avons trop souffert nous-même à la vue de cet effondrement de tout ce que nous trouvions de parfait dans notre chère maîtresse pour laisser sous une si pénible impression de décadence intellectuelle l'esprit de ceux qui nous feront l'honneur de nous lire.

Reportons-nous donc à plusieurs années en arrière, dans cette classe que ne quittait guère l'infatigable Anne-Sidonie, et voyons-la, aux heures très rares de ses loisirs, compulsant ses notes, relisant le journal où elle consignait et les menus faits quotidiens, et les points saillants de ses lectures, et ses pensées intimes, condensant le tout en des pages où se sent la constante préoccupation du bien à faire, même au delà de la tombe.

Dès 1864, elle dédiait à ses élèves le *Journal de Clotilde.*

Ce livre n'est pas un roman et n'aura pas eu pour beaucoup l'attrait d'une œuvre d'imagination. « Ce sont les réflexions d'une jeune fille qui vécut d'une vie commune et qui rentrait en elle-même pour y méditer les enseignements de la foi (1). » Le livre contient aussi des descriptions d'un grand intérêt. Il y a le récit d'un voyage en Suisse, souvenir personnel de l'auteur, où les sublimes tableaux de la nature, placés sous les yeux des lectrices, sont entremêlés d'anecdotes piquantes et de conclusions morales d'une logique indiscutable.

Mgr l'Evêque de Rodez, consulté par une femme du monde sur la valeur de cet ouvrage, terminait ainsi sa réponse :

« En résumé, ce livre est de ceux qu'on ne peut lire « sans goûter les plaisirs de l'esprit et sans éprouver les « pures émotions du cœur. On y apprend tout à la fois, « l'art de bien penser et l'art plus excellent encore de bien « agir. »

Plus tard, en 1872, Mademoiselle Wanham publiait pour

(1) Avant-propos du livre.

les *Congréganistes* de Nancy et pour les *autres Enfants de Marie*, un recueil de lectures méditées sur les mystères de la vie de N.-S. Jésus-Christ et de la Vierge Marie, chacune de ces lectures portant en épigraphe un texte des Saints Livres et se terminant par une conclusion pratique. Et l'auteur recevait pour cette nouvelle publication l'approbation très flatteuse de NN. SS. les évêque et archevêque de Nancy et d'Alger.

En 1881, parurent les *Petites lectures pour les Institutrices et les Mères*, avec préface de M. l'abbé Grosjean, sous-directeur du collège de la Malgrange, et approbation de Mgr Foulon, alors évêque de Nancy.

Lisons, en tête d'un nouvel ouvrage, à la date du 18 octobre 1883, l'autorisation de Mgr Turinaz, évêque de Nancy et de Toul, qui apprécie ainsi les *Lectures pour les personnes en service*. « .... Ce traité, écrit dans un style « simple et facile, contient des conseils excellents et très « pratiques, inspirés par une piété éclairée et une charité « ardente. Nous avons la ferme confiance qu'il produira « un grand bien parmi les personnes auxquelles il est « destiné......... »

Deux ans plus tard, le même témoignage est donné au *Petit livre de l'Ouvrière*, témoignage sanctionné par la double approbation des archevêques de Besançon et de Bourges.

La grâce de Dieu dans quelques âmes contemporaines en

est, en 1886, à sa deuxième édition. Ainsi que son titre l'indique, ce livre, dédié à l'enfance, montre quels furent les effets de la grâce divine sur les destinées de quelques nobles âmes admirées par l'auteur et proposées comme sujet d'édification à ses jeunes lecteurs. Evêques, fondatrices ou supérieures d'ordres religieux, littérateurs, généraux, chacun a sa page puisée, soit dans les souvenirs particuliers de Mademoiselle Wanham, soit dans les meilleures biographies de ses héros.

En 1858, Mademoiselle Wanham avait déjà fait paraître un opuscule intitulé : *Quelques lettres trouvées dans la correspondance d'une institutrice.* Mgr Menjaud, encore évêque de Nancy à cette époque, avait ainsi donné son avis sur l'une des premières œuvres de l'Institutrice :

« D'après le rapport très favorable qui nous a été fait « tant sur le fond que sur la forme remarquablement « modeste, châtiée et onctueuse des *Quelques lettres trou-* « *vées dans la correspondance d'une Institutrice,* nous avons « voulu prendre Nous-même connaissance de cet ouvrage « et nous l'avons lu avec un véritable plaisir.

« Selon le but de l'auteur, il est très propre à éclairer « et à encourager tant de femmes généreuses qui se « dévouent à l'éducation de la jeunesse.................. « non seulement, nous le recommandons aux personnes « qui se livrent aux pénibles fonctions de l'enseignement « et de l'éducation de l'enfance, mais aussi à toutes les « mères de famille chrétiennes. »

Nous ne citons que ces quelques lignes, regrettant de ne pouvoir reproduire dans leur entier cette approbation et les pages extrêmement flatteuses de NN. SS. les évêques de Metz et de Rodez, qui figurent en tête de cette première édition. En 1887, Mgr Turinaz, évêque de Nancy, et S. G. Mgr Foulon, archevêque de Lyon, sanctionnaient cette opinion de leurs devanciers en approuvant, tant comme œuvre littéraire que comme œuvre chrétienne et morale, la quatrième édition de cette *Correspondance* augmentée de *Pages d'album* et d'une série de lettres très intéressantes adressées de Jérusalem à Sœur Françoise (nom sous lequel se cache la personnalité de Mademoiselle Wanham), par la Sœur Marie-Bernard de Sion (Mademoiselle A. Georges), dont nous avons déjà parlé et à laquelle l'auteur consacre un souvenir ému. Mademoiselle Sidonie Wanham rappelle la mort si édifiante de « cette admirable religieuse, » son amie, qui avait cessé de vivre en novembre 1885, à Saint-Jean in Montana où, du monastère de l'Ecce Homo, sa résidence, elle avait été envoyée pour respirer l'air de la montagne.

Au moment où Mademoiselle Wanham insérait, dans cette nouvelle édition, ces lettres qu'elle jugeait propres à ajouter à l'intérêt de son livre, elle recevait, de la Mère-secrétaire de la Sion de Paris, quelques mots que nous nous plaisons à reproduire dans leur simplicité, comme un hommage personnel rendu à la mémoire d'une des maîtresses de nos jeunes années.

« Non seulement, écrivait-on, le souvenir de notre chère « Mère Marie-Bernard reste vivant dans la Congrégation, « mais notre Mère-générale qui l'a connue, ne peut en « parler sans une profonde émotion. »

Autour d'une Grand'Mère, Les Héros de ma Tante ou les Petits de bonne famille (1889), *Les Enfants avec Dieu, Le devoir dans le plaisir et le plaisir dans le devoir* (1890), sont destinés à l'enfance et, de l'opinion d'un esprit compétent, ce sont de très bons livres à mettre entre les mains des enfants et à leur donner en prix.

Mademoiselle Wanham qui, depuis bien des années, est descendue de cette chaire de professeur d'où sont tombées sur plusieurs générations d'élèves tant d'utiles leçons, Mademoiselle Wanham veut instruire encore ; et ce besoin de répandre autour d'elle la bonne semence, la poursuivra jusqu'aux limites de l'âge et sera, même dans les ténèbres de la cécité, une consolation à ses deuils et la dernière jouissance d'une vie dont les occupations littéraires avaient été la distraction préférée.

Nous venons de voir à quel point elle était encouragée dans ce noble passe-temps par les membres les plus éminents du clergé de France.

Devenus princes de l'Eglise, évêques, archevêques, cardinaux, les ecclésiastiques qui avaient soutenu ses débuts ne perdirent pas de vue l'humble maîtresse d'école, et l'honorèrent sans cesse d'une affectueuse estime et d'une très grande confiance ; ils l'engagèrent vivement à persévérer.

Des professeurs, des hommes du monde, au savoir incontestable et au jugement droit et sûr, avaient la même appréciation des ouvrages de Mademoiselle Wanham. Citons entre autres M. le comte de L... qui demandait un jour à l'auteur comment elle ne faisait pas connaître « ces bienfaisantes pages » à la Société bibliographique.

Cette question la flatta, nous le savons, mais elle était trop modeste pour se mettre d'elle-même en avant.

Ce qu'elle ne voulut pas faire, des amis le firent pour elle. Et Anne-Sidonie Wanham reçut, en 1892, une médaille d'honneur du Conseil supérieur d'une société d'encouragement au bien par l'enseignement et par les publications utiles.

Elle en fut heureuse, non par une vaine satisfaction d'amour-propre, mais parce qu'elle sentait comprises ses intentions et sanctionnée sa manière de faire le bien, toujours.

Elle ne laissa pas encore reposer sa plume, et, chaque année jusqu'au jour fatal où cette plume lui tomba des mains, Mademoiselle Wanham enrichit d'un ou deux de ses petits livres le catalogue des librairies catholiques de Nancy :

En 1892, ce furent *un Inventaire*, charmant recueil de souvenirs, puis *Quelques pages dictées par une aveugle.*

La charité enseignée aux enfants, fragments de morale chrétienne parut en 1893. Enfin, en 1894, les *Photographies morales,* dédiées aux mères chrétiennes... Ce fut son chant du cygne.... Nous retrouvons là les figures aimées de l'auteur, entrevues déjà dans ses *Pages d'album ;* mais elle les éclaire davantage, tout en gardant l'anonyme à chacun de ses portraits, excepté à ceux qui sont presque du domaine de l'histoire.

Cet anonymat, parfois assez transparent pour les contemporains de l'auteur, rend, pour d'autres, un peu vague ou énigmatique la lecture de ces pages.

Ce vague dans le réel est du reste, à notre avis, le point qui pourrait donner prise à la critique dans les œuvres de Mademoiselle Wanham. Aucun de ses personnages n'est présenté dans son entier. Ce sont des trois-quarts, des profils, non des portraits de face; nulle biographie n'est complète. L'esprit du lecteur reste en suspens et son imagination voudrait deviner ce que fut l'original du tableau.

J'ai été souvent un peu étonnée que l'auteur, avec son expérience des enfants, n'ait pas pensé que, si une anecdote les amuse un instant, ils aiment à savoir les choses par le menu, à connaître le héros ou l'héroïne du récit, ils veulent qu'on leur dise « comment cela finit » pour s'intéresser aux faits de celle-ci ou de celui-là. Il faut bien s'avouer que l'esprit de l'enfant ne recherche pas, ou recherche au moins très rarement de lui-même, la conclusion morale d'un récit qui n'a pas absolument fixé son intérêt.

L'auteur, il est vrai, s'est chargée de faire toucher du doigt le point dont elle a voulu tirer profit pour l'âme de ses jeunes lecteurs ; mais alors ces petits ne voient-ils pas dans les récits qui leur sont faits, bien plus la leçon un peu austère du maître que la récréation attendue du narrateur... Et le maître, en se faisant trop sentir, ne perd-il pas ainsi quelque chose de l'attrait efficace qu'il comptait bien inspirer ?....

Il nous semble que ces pages mêmes, destinées à la jeunesse, pourraient être dédiées moins à l'élève qu'à l'éducatrice qui y trouvera, elle, comme quoi l'on doit prendre occasion de tout pour instruire et pour faire germer dans les âmes le bon grain qui ne fleurit et ne fructifie que plus tard.

Mais il nous sied mal de critiquer, après tant de hautes approbations, tant de félicitations prodiguées à l'auteur.

Puisse notre chère Mademoiselle Wanham nous pardonner cette timide restriction ! Une légère ombre ne donne-t-elle pas un plus sensible relief aux traits que nous nous sommes plu à esquisser et aux couleurs dont il convenait de les parer pour rendre ressemblant ce portrait d'institutrice modèle ?....

Pour terminer cette étude des œuvres de Mademoiselle Wanham, extrayons d'un article du journal l'*Espérance de*

Nancy quelques lignes qui paraissent une réponse à notre objection, lignes consacrées à « ce petit livre que Made- « moiselle Wanham venait de dicter, ne pouvant plus écrire « elle-même : »

« .... L'intention n'y est pas de satisfaire une vaine curio- « sité, mais de donner de bons conseils, d'élever les âmes « et de montrer où est le bonheur et le but de la vie en « s'appuyant sur des exemples. »......................
« .... Ce livre est donc un excellent conseiller pour toutes « les personnes qui s'occupent d'éducation ; les mères chré- « tiennes à qui il est dédié y trouveront des lumières et le « feront lire avec le plus grand profit à leurs enfants (1). »

Précédemment, dans le même journal M. l'abbé Grosjean avait dit de Mademoiselle Wanham :

« .... La prétention d'éveiller le souvenir du célèbre « *traité de Fénelon* n'est jamais entrée dans la pensée très « modeste de l'auteur qui a cru seulement *faire un peu de* « *bien* en publiant les petites industries de son zèle et les « observations de sa longue expérience pour *élever* en toute « circonstance le cœur des enfants.... (2). »

Elever! Faire le bien! Ces quatre mots tombés si souvent sur ces pages seraient une redite s'ils n'étaient presqu'une devise. Nous allons les répéter encore en contemplant

(1) *Espérance de Nancy*, Abbé Grosjean, 28 janvier 1894.
(2) *Espérance de Nancy*, Abbé Grosjean, 28 juillet 1890.

Mademoiselle Wanham dans l'exercice des œuvres multiples de sa charité.

Dès son arrivée à Nancy, Anne-Sidonie Wanham s'enrôla dans la milice des femmes vertueuses qui s'y occupent activement des pauvres. Elle fut nommée Dame de Charité de son quartier, de ces rues Sainte-Anne, Jeannot, du Manège, où tant de maisons abritaient alors des misères de tout genre.

Sa tâche d'institutrice lui laissait fort peu de temps ; nous savons combien étaient modestes les ressources dont elle pouvait disposer. Mais, désireuse de faire largement la part à Dieu dans ses pauvres, comme elle la lui faisait dans les œuvres de sa vocation, elle accepta, comptant toujours sur l'intervention de la Providence. Elle savait bien que, pour aborder le pauvre, le malade surtout, il ne suffit pas de lui remettre le froid secours d'un bureau de bienfaisance dont on a le mandat. Il faut autre chose.... Les besoins sont nombreux au foyer de l'indigent. Le malade ne peut se satisfaire d'un morceau de pain ou d'un aliment ordinaire qu'il doit se préparer lui-même. Que de choses à ajouter au *bon* de la charité officielle si insuffisante, quoi qu'elle fasse ! Et comme elle sentait cela notre bonne institutrice ! Aussi, pour suppléer à ce qui devait rendre sa visite hebdomadaire aux pauvres si efficace et si désirée, comme elle mit en œuvre les ingéniosités de son cœur !

Ce fut un léger impôt de cinq centimes par semaine levé sur chaque élève ; ce fut une loterie annuelle dont son aiguille fournissait le lot le plus convoité ; ce furent les reliefs des repas et, ainsi que nous l'avons raconté, ce furent les petites friandises supprimées au jour des grandes pénitences et durant les temps consacrés par l'Eglise aux œuvres de mortification ; ce fut aussi un ouvrage de tricot ou de couture, prémices du travail d'une généreuse fillette ; enfin, de temps à autre, une aumône imprévue venait grossir le petit trésor des pauvres.

Dans sa délicatesse, Mademoiselle Wanham ne voulait pas être seule à jouir du rayon de soleil qui pénétrait dans les mansardes, alors qu'elle y entrait les mains pleines, avec un chaud vêtement pour l'infirme ou pour l'enfant demi-nu ; avec un mets tout préparé destiné à rendre au malade ou au convalescent les forces et l'appétit perdus ; avec un jouet ou un bonbon pour les tout petits. Chaque semaine, le samedi, deux de ses élèves l'accompagnaient dans ses visites charitables et comprenaient ainsi ce que l'on peut faire de bien en retranchant de temps en temps quelque chose de son bien-être personnel, ou de son superflu. Cette visite des pauvres, nous la considérions comme une récompense ou de notre conduite, ou du léger sacrifice que nous nous imposions pour la rendre fructueuse. Mademoiselle Wanham y voyait, elle, une leçon utile à la jeunesse. Que de murmures réprimés, que de frivolités reconnues coupables, que de dégoûts surmontés, mais aussi que de reconnaissance envers Dieu qui nous avait comblées de ses dons, au souvenir évoqué d'une de ces tournées où, sur un grabat, dans un sous-sol humide ou dans un grenier ouvert à tous les vents, nous était apparue une malade résignée à ses longues souffrances ! Ici c'était l'âtre sans feu, là la huche vide ; ici l'enfant chétif et sans sourire, là le vieillard privé de soins ! Parfois, trop souvent, le malade et l'indigent étaient eux-mêmes les artisans de leur misère et, quelque soigneuse que fût notre guide de ne nous faire franchir certains seuils, s'il y avait quelqu'avantage à nous mettre sous les yeux les conséquences du seul désordre matériel, elle n'hésitait pas à nous introduire à sa suite.

Puis, une fois auprès du pauvre, nous pouvions apprendre de notre maîtresse avec quel tact délicat il faut toucher aux plaies du cœur, plus douloureuses que celles du corps ; comment on doit éviter de détourner les yeux de celles-ci lorsqu'un peu d'intérêt témoigné peut être doux au patient ; comme il ne faut pas craindre de relever une couverture ou de secouer un oreiller, de s'asseoir bravement au chevet ou au foyer de l'indigent, en dépit des révoltes de la nature.

Si l'aumône apportée donne le droit de pénétrer dans quelques intérieurs où l'on ne serait pas reçu les mains vides, quelle prudence dans les avis, quelle réserve pour s'y insinuer peu à peu, dans les esprits prévenus, pour pénétrer jusqu'aux âmes et y répandre la semence des conseils de la raison et de la piété !

Mademoiselle Wanham donnait en prix à ses élèves des livres tels que *Charité même à Dieu*, *Manuel de charité* de l'abbé Mullois, et d'autres du même genre ; mais, déjà nous l'avons dit, son exemple valait les plus excellents traités. Elle eut souvent des insuccès, des mécomptes, elle éprouva de grossiers rebuts, elle eut, ainsi que cela arrive toujours à celui qui donne, elle eut affaire à des ingrats, ce qui n'empêcha pas un lien durable de se former entre la Dame de charité et plusieurs familles dont elle suivit dans la vie, deux et même trois générations.

Nous lui demandions des nouvelles de ses pauvres chaque fois que nous la revoyions, comme on s'informe d'amis ou de vieilles connaissances. Si elle ne parvint pas à les sortir de la misère, au moins les détourna-t-elle du vice qui, sous diverses formes, est trop fréquemment le seul héritage des pères à leurs fils, des mères à leurs filles. Elle rapprit à quelques-uns le chemin de l'église et les maintint dans la voie du devoir.

Lorsque la retraite lui laissa plus de liberté, Anne-Sidonie en profita pour étendre le champ si fécond de sa charité. Elle accepta la présidence d'un patronage d'apprenties, prit part aux séances, organisa, comme naguère au pensionnat, des petites fêtes auxquelles voulaient bien assister les membres du clergé de la Cathédrale ou les prédicateurs extraordinaires des stations de Carême et d'Avent. Mgr l'Evêque y vint aussi. On juge quel stimulant, quel encouragement c'était pour les jeunes filles à se faire inscrire comme membres du patronage, à être exactes aux réunions, à rester fidèles à leurs devoirs religieux! Mademoiselle Wanham fit aussi partie, sur les instances du pasteur de sa paroisse, du conseil d'une œuvre annexée au bureau de bienfaisance de la ville de Nancy.

Mais une fondation à laquelle elle coopéra, qui fut sienne, occupa par dessus tout son zèle. Elle avait toujours eu grand souci du sort des jeunes filles qui, comme elle, avaient le désir d'embrasser la carrière de l'enseignement. Elle mettait un soin extrême à former celles qui se confiaient à son expérience. Après les avoir préparées aux examens officiels, elle se préoccupait de leur avenir. Qu'allaient devenir, livrées à elles-mêmes, inexpérimentées de la vie, ces jeunes filles lancées dans le monde comme institutrices particulières, ou, dans les villages, comme maîtresses d'école ? Qui les soutiendrait à l'heure des épreuves? Qui entretiendrait en leurs âmes les leçons de la foi, en leurs esprits les connaissances acquises ?...

Celles surtout qui, orphelines, ou sorties d'un milieu absorbé par la lutte pour la vie, n'auraient pas, pour se retremper, le foyer de la famille ?...

Anne-Sidonie songea à les réunir, aux jours de congé

et pendant les vacances, dans un asile hospitalier où elles trouveraient le repos physique, le réconfort moral si nécessaires pour la continuation de leur tâche.

En 1865, de concert avec la Révérende Mère de Bridieux, supérieure des Religieuses du Cénacle, Mademoiselle Wanham jeta, au couvent des Dames de la Retraite de Nancy, les fondements de l'*Association des Institutrices*, sorte de société de secours mutuels, où, moyennant une minime cotisation, toutes les jeunes filles vouées à l'instruction à un degré quelconque, pouvaient se faire admettre et participer à la fois, quelques-unes au moins, aux secours matériels et au soutien moral et religieux qui leur eût manqué sans cela.

Lisons, comme résumé des statuts de la nouvelle Association ce qu'écrivait en 1894, trente ans après sa fondation, la secrétaire de l'œuvre dans son compte-rendu annuel : « Il serait intéressant de parcourir nos annales et « de refaire, année par année, l'histoire de cette œuvre « encore bien humble, mais dont les résultats sont cependant bien consolants. On verrait ainsi comment l'Association a atteint le but, à la fois élevé et pratique, qu'elle « se propose : offrir aux personnes vouées à l'enseignement un point d'appui, une direction discrète et expérimentée, leur procurer des instructions spécialement « appropriées à leur belle, mais difficile mission, enfin les « réunir, établir entre elles les liens d'une fraternité toute

« chrétienne. Ce triple but, l'Association n'a cessé de le « poursuivre et de l'atteindre d'une manière de plus en « plus complète. Au Cénacle, chaque associée est toujours « assurée de trouver conseil, secours et consolation. Une « institutrice cherche-t-elle une position, on tâche de la « lui procurer; est-elle loin de sa famille, de son pays, elle « trouve des sympathies qui adoucissent son isolement. « Là, du moins, elle peut confier ses peines et chercher « les seules vraies consolations, celles qui sont dictées par « la Religion. Les institutrices éloignées entretiennent « aussi par la correspondance des relations suivies avec « le centre de l'œuvre. Chaque mois, le résumé des « instructions mensuelles leur est adressé, elles profitent « ainsi des avantages spirituels les plus précieux. On ne « sait pas quel bien font ces petites feuilles; pour celles « d'entre nous qui sont à l'étranger. c'est un secours qui « supplée aux prédications dont elles sont parfois complè- « tement privées; pour toutes, c'est un souvenir de la « patrie absente, un lien qui les unit à la Maison où elles « ont prononcé leur consécration.

« A la fin de l'année, une Retraite permet aux Institu- « trices de venir se retremper dans les pratiques de la « piété chrétienne.

« Outre le bien des âmes, la Retraite a encore l'avantage « de rapprocher les Associées les unes des autres. Chaque « mois, un certain nombre d'entre elles se rencontrent

« au Cénacle et peuvent resserrer ces liens de sympathie « nés de la communauté d'idées, d'occupations et de « croyances religieuses; mais, au moment de la Retraite, « on se retrouve plus nombreuses, on vit dans une plus « grande intimité et là se forment souvent des amitiés « qui, ensuite, adoucissent bien des peines.

« Cette retraite a lieu, autant que possible, la dernière « semaine de septembre . . . . »

Deux fêtes patronales annuelles réunissent aussi les Associées au Cénacle, le jour de la Présentation de la Sainte Vierge et le jour de la fête du Sacré Cœur.

D'éminents religieux dont, après trente-trois ans, la liste serait déjà longue, furent successivement directeurs de l'œuvre et donnèrent aux institutrices des instructions mensuelles qui resteront aussi fortement gravées dans leurs âmes qu'elles le sont dans ces recueils de résumés conservés aux archives de l'Association et dont l'associée absente recevait chaque mois un exemplaire.

Le compte-rendu annuel donnait aussi un aperçu des sermons et des bienfaits de la Retraite.

A ce tableau des avantages spirituels de l'Association, ajoutons que les retraitantes trouvaient et trouvent encore au Cénacle, soit aux jours de fête, soit au temps des retraites, dont il leur est loisible de prolonger la durée, un séjour hospitalier où leur sont prodigués les soins matériels et, depuis que le centre de l'œuvre a été transporté du Cours Léopold à la campagne, une villégiature aussi agréable que profitable à leur santé.

« Là, écrivait une associée à l'une de ses amies, là point « de fatigue, pas de contention d'esprit.... Les récréations « sont joyeuses et remplies d'expansion dans ce milieu « intime qui est, pour nous, une nouvelle famille. »

C'est au mois de juillet 1888 que les Religieuses du Cénacle transférèrent au Grand-Sauvoy, route de Metz, leur maison de la Retraite.

L'éloignement ne découragea pas le zèle des jeunes associées. Cette promenade à la campagne, ces réunions sous les beaux arbres d'une superbe résidence donnèrent un attrait de plus aux bonnes et pieuses journées passées en commun.

En ouvrant l'un des comptes-rendus de l'œuvre, retrouvés dans nos cartons, nous voyons que, en 1877, vingt et une aspirantes sont admises dans les rangs des associées, que vingt-cinq institutrices ont été placées dans des familles ou des pensionnats, et que la correspondance des absentes devient de jour en jour plus active. Vingt-huit institutrices empêchées de suivre la retraite générale ont fait des retraites particulières dans le courant de l'année.

Mais, à la fin de cet exercice de 1877, l'encaisse de l'Association se solde par le chiffre de 5 fr. 35 !

On comprend quels frais entraînent et les déplacements, et la correspondance, et les secours aux associées. Ce n'est pas avec les faibles cotisations de celles-ci, avec quelques dons très éventuels et le produit des quêtes que l'on y pouvait suffire. Mademoiselle Wanham, présidente de l'œuvre dès le début, jugea nécessaire, pour en soutenir les charges, de faire appel au généreux bon vouloir de quelques membres honoraires dont la cotisation serait un appoint permettant de faire face à toutes les dépenses. Parmi ses anciennes élèves, parmi ses connaissances et celles d'autres institutrices qui faisaient partie du conseil, elle en réunit de cinquante-cinq à soixante.

A partir de ce moment jusqu'à l'époque actuelle, l'œuvre fondée par Mademoiselle Wanham s'est toujours soutenue, sans crises, mais avec les fluctuations inévitables dans des fondations qui n'ont d'autres éléments de vie matérielle que les dons de la charité privée. Il y eut sans doute des périodes critiques à traverser.... Dieu était là.... Et l'on sut triompher des difficultés créées par les circonstances et qui, dans la situation faite aujourd'hui aux instituteurs de l'enfance, semblaient de plus en plus insurmontables.

Nous voyons, en 1893, la retraite annuelle suivie par soixante-dix personnes. Un bon nombre de retraitantes viennent prendre part aux pieux exercices, non seulement des points les plus éloignés du département de la Meurthe, mais des départements de la Meuse, des Vosges, de la Haute-Saône, etc.

C'était un progrès qui, depuis, ne s'est pas ralenti ; et le nom de Mademoiselle Sidonie Wanham s'attache désormais à une fondation stable qui tend à s'accroître toujours et à répandre ses bienfaits sur les institutions chrétiennes de toute la région. Tel était le vœu de la dévouée fondatrice, tel est celui des femmes intelligentes et pieuses qui ont recueilli l'héritage de leur devancière, tel aussi le vœu de ces excellentes religieuses de la Retraite, si désintéressées dans le concours important qu'elles prêtent à l'œuvre.

Toute sa vie, Mademoiselle Wanham avait joint l'exemple à ses leçons. Elle fut, de toutes les associées, l'une des plus exactes aux réunions, l'une des plus édifiantes en toute occasion.

Lorsque, vers 1890, la maladie, l'âge et les infirmités croissantes l'obligèrent au repos, ce fut avec le plus grand regret que l'on dut comprendre les causes de sa retraite et que l'on se résigna à accepter sa démission de présidente. Mais l'œuvre qui lui devait l'existence ne voulut pas lui dire un adieu définitif et, à l'unanimité, le Conseil la nomma présidente honoraire.

Si nous nous sommes un peu attardée sur ces pages, sur ce tableau de l'Association des institutrices, c'est que nous tenions à montrer comment, fidèle à la vocation de sa jeunesse, Anne-Sidonie en poussa les conséquences aux extrêmes limites de l'avenir. Envisageant les funestes effets de l'éducation sans Dieu, elle eut l'inspiration de contribuer à former, dans la grande armée des institutrices laïques, une phalange d'élite qui serait le trait d'union entre l'Eglise et l'école trop malheureusement séparées, qui saurait voir dans la carrière de l'enseignement autre chose que le gagne-pain professionnel, en un mot qui tiendrait haut et ferme le drapeau de la morale étayée sur la foi.

Le soin de cette œuvre qui couronna sa mission n'absorba pas tout entières les sympathies charitables de Mademoiselle Wanham. Elle instruisait encore des enfants pauvres, les catéchisait, aidait de jeunes abbés dans leur vocation, soignait des malades et pensait à apporter, dans la mesure du possible—qu'elle déplorait de sentir si restreinte, — sa cote-part aux œuvres d'apostolat de Son Eminence le cardinal de Lavigerie et à celles des religieuses de Sion de Jérusalem. A ses offrandes personnelles, elle ajoutait le produit de loteries dont les principaux lots, de superbes broderies, furent le dernier effort de ses yeux fatigués. Jamais un appel à sa coopération ne resta sans effet.

Presque toutes les associations pieuses la comptaient dans leurs rangs. Membre de la Congrégation des enfants de Marie de la Cathédrale, elle en fut, je crois, présidente ou, pour le moins, conseillère.... Inutile de dire avec quelle conscience elle accomplissait les exercices prescrits par la règle ou par les statuts des œuvres auxquelles elle était agrégée lorsqu'elle n'en faisait pas partie active.

Les grâces spéciales que lui valurent les actes de la vie spirituelle sont le secret de Dieu ; mais ce n'est pas une témérité d'affirmer que ces grâces la soutinrent dans sa tâche laborieuse et dans les épreuves de sa vie.

Ses derniers moments furent adoucis par l'inconscience de la fin. Après deux jours d'agitation terrible, les symptômes d'une congestion nouvelle se manifestèrent ; elle se calma et mourut comme on s'endort. Si elle n'eut pas à cette heure suprême le mérite de l'acceptation finale, que de fois, jusqu'au jour où son intelligence s'obscurcit, n'avait-elle pas prononcé du fond de l'âme le « *Fiat* » qui ouvre le ciel !....

IX

Le deuil. — Les funérailles.

La nouvelle de sa mort affligea profondément les amis, les élèves, les obligés de Mademoiselle Wanham ; mais tous portaient déjà depuis deux ans son deuil. Tous, nous avions pleuré sur cette mort anticipée, sur l'obscurcissement de tant d'éminentes facultés, et les larmes versées sur un cercueil ne furent pas plus amères.

Ce que nous avions encore la triste douceur de contempler dans nos visites à notre vénérée maîtresse, depuis le choc qui l'avait frappée mortellement, c'étaient bien ses traits, c'était sa main que nous pressions, c'était son cœur qui s'agitait d'un battement plus précipité à l'approche des amis du passé, mais cette agitation était aussi fugitive que la lueur de ses souvenirs. L'âme engourdie, en attendant le réveil du paradis, ne donnait plus ni la vie à son visage, ni l'impulsion aux pensées de son esprit, aux mouvements de son corps. Elle s'était survécu, comme elle avait survécu à ses sœurs.

Cependant on ne pouvait oublier ce qu'elle avait été naguère. Il y avait une dette de reconnaissance à acquitter envers elle.

Ce fut l'amie qui avait entouré sa vieillesse avec une filiale sollicitude qui nous représenta toutes et qui organisa à notre chère institutrice des funérailles dignes d'elle.

Un nombreux clergé, toutes les anciennes élèves présentes à Nancy ou qui avaient pu y venir, les Dames de Saint-Joseph, quelques associées de l'Œuvre des institutrices, des pauvres et un grand nombre de Dames accompagnèrent ses restes à l'église et au cimetière de Préville, où elle repose auprès de sa mère et de ses sœurs.

Le deuil était conduit par M. Lucien Roussel, par M. Robert Dieudonné, par M. l'abbé Lacour remplaçant la famille absente. Les cordons du poêle étaient tenus par une Dame de Saint-Joseph, par la présidente de l'Œuvre des institutrices et par deux congréganistes.

L'éloge de la défunte était sur toutes les lèvres, les regrets dans tous les cœurs. On priait pour son âme, mais avec l'intime conviction que, déjà, elle était au ciel, pour ses amies de la terre, une puissante médiatrice. Nous savons que plusieurs de ses anciennes élèves, empêchées de se rendre à Nancy en cette rigoureuse saison d'hiver, passèrent, à l'église de leur paroisse, dans le deuil, dans le recueillement et la prière, la matinée des funérailles.

L'Association des institutrices, en annonçant la mort de Mademoiselle Wanham, dans le compte-rendu de l'année 1895 qui parut peu de temps après, consacra quelques pages à une courte biographie de la regrettée fondatrice. Un an plus tard, à l'anniversaire du décès, le compte-rendu de 1896 se terminait par ces lignes :

« Nos associées ne me pardonneraient pas si je ne

« rappelais encore une fois un souvenir qui leur est bien « cher. Il y a un an, nous annoncions la mort de notre « vénérée fondatrice, Mademoiselle Wanham ; c'est au « commencement de 1896 que ce deuil est venu frapper « notre Association. Il est le grand événement de l'année « et, croyons-nous pouvoir ajouter, sa meilleure bénédic- « tion. Quand les nôtres quittent cette terre d'exil, ils ne « nous abandonnent point ; mais, au contraire, ils vont « là-haut nous aider par leur intercession plus qu'ils ne « le firent jamais ici-bas. C'est dans cette espérance que « nous inscrivons cette date du 11 janvier 1896 parmi les « plus douloureuses, mais aussi les plus chères à notre « cœur : *In memoria æterna erit justus* ».

Et nous aussi, ô notre amie, nous disons : Oui, votre mémoire ne périra pas ! Elle vivra dans nos cœurs !

En vous suivant pas à pas dans votre vie, en relisant attentivement et avec une vive émotion vos lettres religieusement conservées, en analysant quelques-unes de vos leçons, nous avons appris à vous connaître mieux encore, à vous aimer davantage, à apprécier ce qui échappait aux regards de notre jeunesse un peu légère, et nous espérons nous être orientée, dans cette évocation de nos souvenirs, dans ce retour jusqu'à un passé lointain, à la lumière qui jaillissait de vos enseignements et de votre cœur. Profondément touchée de cette affection si vraie que vous nous avez témoignée sans cesse, des bancs de la classe aux jours de la vieillesse, il nous a été très doux d'élever à votre mémoire cet humble monument dont le piédestal a sa base dans la reconnaissance de celles qui vous ont tant aimée.

Naguère, vous aviez encouragé notre plume. Bien tard, elle s'essaie, et c'est à vous qu'elle consacre ce premier effort, à vous qui en avez guidé les enfantins élans, à vous, notre maîtresse, à nos chères compagnes qui nous ont inspiré la pensée d'écrire ces lignes.

Nous voudrions aussi les dédier — mais en seront-elles dignes ? — aux jeunes filles qui ont été l'objet de votre constante sollicitude, à celles qui se destinent à embrasser comme vous la noble carrière de l'enseignement....

Elles n'y trouveront pas, sans doute, le charme littéraire auquel elles seraient en droit de s'attendre. Mais, de votre existence tout entière, quelqu'imparfait qu'en soit le récit, ressortiront pour elles les exemples les plus salutaires; car vous êtes à la fois le type accompli de l'institutrice et de la chrétienne. Votre voie doit être la voie de toutes les femmes qui veulent élever les âmes et répandre le bien autour d'elles.

Vous avez eu la science qui instruit, la foi et la piété qui consolent, fortifient et fécondent. Riche des dons du Saint-Esprit, semblable à la Femme forte de l'Ecriture, à la mère dont vous avez si largement partagé la tâche, vous avez paru devant Dieu et, à ce dernier jour, « tous vos enfants vous ont proclamée bienheureuse ! »

CONCLUSION

Avons-nous dit assez à quel point beaucoup d'entre nous furent attachées à leur pension, combien il en est qui, après quarante années écoulées, trouvent dans le souvenir de ce temps lointain réconfort et courage, se rappelant à la fois les enseignements et l'exemple ? Exemple d'abnégation, de force morale, de vie chrétienne et pieuse ?....

Avons-nous fait ressortir autant qu'il convenait le prix de ces enseignements religieux où l'on s'efforçait de jeter dans nos jeunes âmes la semence des vertus et des pratiques d'une piété pure de tout alliage ?....

Et si nous nous sommes tue, si nous n'avons pas parlé des jeunes filles dont la solide instruction a été dans la vie une suprême ressource et contre l'ennui, et contre le besoin ; si nous gardons le silence sur les femmes qui sont encore aujourd'hui l'honneur du pensionnat, c'est que nous n'avons voulu mettre en lumière qu'une seule personnalité, celle de notre héroïne, laissant à ceux qui nous liront le soin d'apprécier à la valeur de l'arbre quelle a pu être la saveur des fruits.

Il n'aurait pas été sans intérêt, peut-être, de donner ici la biographie de quelques-unes des élèves formées à l'école d'Anne-Sidonie ; mais ce serait en même temps sortir du cadre que nous nous sommes tracé et nous exposer à laisser dans l'ombre certaines figures qui eussent mérité pour le moins une esquisse.

Ayant quitté la Lorraine trois ans à peine après la fin de nos études, nous n'avons pu suivre dans la vie que peu de nos compagnes, et bien plus sont restées pour nous étrangères les enfants qui, d'année en année, sont venues prendre notre place chez Mesdemoiselles Wanham jusqu'au jour où la chère maison de la rue des Chanoines a cessé d'abriter la riante et studieuse jeunesse.

Les documents nous manquent. Cependant qu'il nous soit permis, avant de clore cette étude, de donner un souvenir ému aux amies que Dieu a rappelées à Lui....

En remontant le cours des années, nous nous retrouvons, auprès de tombes prématurément ouvertes, secouée par cet émoi qui saisit l'enfance à l'aspect imprévu de la mort. Mûres pour le ciel, petites amies, sœurs bien-aimées nous ont laissé, avec le souvenir d'une fin angélique, une inoubliable leçon !

Aux larmes qu'elle versait avec les parents en deuil, l'institutrice mêlait les austères enseignements de la mort et les plus consolants rayonnements de la foi.... Et ces âmes d'anges qu'elle a guidées vers Dieu, auxquelles elle a inspiré des sentiments de résignation et d'espérance sont aujourd'hui sa couronne.... Et les larmes qu'elle a essuyées ou rendues moins amères brillent comme des perles au milieu des boutons et des fleurs ! Déposons-la, cette blanche couronne, au pied de notre humble monument.

Mais retournons-nous une fois encore, et, dans le lointain de nos souvenirs, revivons le passé. Revoyons la classe où sont réunies les fillettes qui nous souhaitent la bienvenue. A notre tour, accueillons les *nouvelles*; offrons-leur, ainsi qu'il en fut pour nous, part à notre amitié et à nos jeux. Grandissons ensemble, recevant les mêmes leçons, nous disputant loyalement les récompenses, nous épargnant les punitions.... Puis, séparons-nous, hélas ! et suivons chacune notre voie.... Il en est dont la jeunesse s'est épanouie avec tous ses charmes, qui ont fait la joie, de leur entourage, le bonheur d'un époux, l'édification de tous. D'autres que le malheur a frappées, mais qui savaient prier. Et, parce qu'elles avaient cette force très grande que donne la prière, elles ont pu dominer l'épreuve, remplacer près de leurs enfants le père disparu, et allier aux devoirs multiples de la maternité la mission dévolue au chef de la famille.

Mais, à côté de celles qui combattent encore les combats de la vie, combien manquent à l'appel ! Si nous demandons ce qu'elles sont devenues, on nous montre le ciel ! Sur la terre, les unes ont laissé des orphelins auxquels elles ont légué, précieux héritage, les principes qui les avaient faites épouses, mères, éducatrices modèles ; les autres, sans enfants, sont pleurées par une mère !

Ces amies qui ne sont plus, il faudrait les nommer toutes : chacune a répandu dans sa sphère un parfum spécial de vertu et de charme.

L'une d'elles, dans notre mémoire et dans notre cœur, se détache en relief de cette ombre mortuaire.

Nous la revoyons, à quinze ans, arriver parmi nous. Grande déjà, annonçant au premier coup d'œil ce qu'elle serait plus tard. Douce, jolie, gracieuse, elle nous conquit toutes. Fille d'une compatriote, amie de Mesdemoiselles Wanham, elle fut, sans une hésitation, confiée à nos maîtresses dès que ses parents s'aperçurent qu'un changement de milieu, qu'une influence étrangère seraient favorables au développement intellectuel de leur fille. Tout de suite l'élève et l'institutrice se comprirent. L'enfant sentit le bien qu'on lui voulait ; Anne-Sidonie s'attacha vite à cette nature docile, souple, pleine de bonne volonté, prompte à s'assimiler tous les genres de leçons.

A jamais fut scellé, entre la jeune fille et Mademoiselle Wanham, un pacte d'amitié et de dévouement du côté du professeur, de confiante et affectueuse déférence de la part de l'enfant.... Et, puisque celle-ci nous avait conquises, nous ne fûmes pas jalouses des rapides succès de notre nouvelle amie. Il ne lui fallut pas beaucoup de temps pour prendre rang à côté des plus avancées et, lorsque, après trois ans passés à Nancy, elle dut rentrer dans sa famille, elle était, au moral aussi bien qu'au physique, une jeune fille accomplie, alliant les plus sérieuses qualités d'une chrétienne à la grâce et à la distinction d'une femme du monde. L'époux qui sut la remarquer entre beaucoup d'autres comprit ce qu'il devait à la mère et à l'institutrice de la compagne qu'elles lui donnaient et témoigna à Mademoiselle Wanham son respect et sa reconnaissance en restant pour elle, jusqu'à la mort, l'ami le plus dévoué. Il s'était si complètement identifié aux sentiments de sa femme que, lorsque Monsieur et Madame R... vinrent habiter Nancy, la maison de la rue des Chanoines eut pour eux l'attrait d'un foyer familial où ils étaient heureux de s'asseoir presque quotidiennement. On y parlait de tout, du passé, des vacances au vignoble de B..., des grands-parents hospitaliers dont on avait porté le deuil, des amies d'enfance dispersées que l'on ne pouvait pas oublier, et la jeune femme se réjouissait si une rencontre lui permettait de faire connaître à son mari quelques-unes des élèves de l'institutrice vénérée. Souvent cette fidélité, touchante dans le souvenir, se traduisit non seulement par la grâce de l'accueil, mais par des faits qui rendent si chère à quelques-unes d'entre nous la mémoire de Madame R....

Moraliser, répandre des aumônes, soulager des misères, était l'une de ses plus constantes préoccupations.

Elle se concertait avec sa vieille amie sur le bien à faire et collabora à toutes les bonnes œuvres de l'institutrice, lui ouvrant très largement sa bourse lorsque la maladie ne lui permit plus un concours personnel.

Car, cette femme heureuse, belle, admirée, chérie, était marquée pour un bonheur plus stable que les joies d'ici-bas.

Presque au début de son mariage, sa santé florissante, qui paraissait défier le mal, s'altéra. Quels que furent les moyens employés, quelqu'incessants et dévoués que furent les soins dont tous les siens l'entourèrent, il n'y eut plus pour elle que des répits, hélas! trop peu durables, et sa vie de jeune femme fut une vie de souffrances, mais de mérites pour le ciel, jusqu'au jour où, pieusement résignée, consolant elle-même sa famille affligée, pure et sereine, elle rendit à Dieu son âme sanctifiée!....

Nous avons semé comme des fleurs sur la tombe de Mademoiselle Wanham les doux et chers souvenirs des anges qui, là-haut, lui font cortège, ajoutons maintenant à sa couronne céleste, joyaux resplendissants, ses œuvres les plus belles : les saintes que ses leçons ont conduites à Dieu !

Mais si nous exaltons ainsi notre institutrice, si, par ces quelques touchants exemples que, cédant à l'inspiration de notre cœur, nous n'avons pas résisté à joindre à notre récit, nous mettons en valeur l'enseignement chrétien en dehors du foyer, nous n'entendons pas abaisser par là le prix de l'éducation de la famille. Nulle n'est plus efficace ; et notre héroïne elle-même nous blâmerait si nous ne disions, comme elle l'a constaté bien des fois, que le succès de ses efforts n'a été certain que là où son influence et son professorat ont été secondés par la sanction d'un père, par l'approbation et le salutaire appui des exemples et des leçons d'une mère.

Sedan, septembre 1897.

ERRATA

Page 22, ligne 8 : irrémédiables au lieu de irréparables.
» 51, » 18 : féminine au lieu de fénimime.
» 54, » 8 : apartés.
» 60, » 13 : paraissait.
» 61, » 11 : départait.
» 63, » 7 : exciter à l'étude.
» 69, » 20 : personnelle au lieu de spéciale.
» 71, » 12 : que Dieu *leur* réserve.
» 91, » 12 : avaient.

TABLE

ÉMILE LAROCHE, SEDAN.

www.ingramcontent.com/pod-product-compliance
Ingram Content Group UK Ltd.
Pitfield, Milton Keynes, MK11 3LW, UK
UKHW020315180726
13839UKWH00001B/470

9 782329 571638